GABRIELE BOISELLE

PFERDE

WS White Star Verlag® ist eine eingetragene
Marke von De Agostini Libri S.p.A.

Via G. da Verrazano, 15
28100 Novara, Italien
www.whitestar.it - www.deagostini.it

Übersetzung: SAW Communications,
Mainz, Christa Trautner-Suder

Producing: SAW Communications, Mainz,
Dr. Sabine A. Werner

ISBN 978-88-6312-133-9
2 3 4 5 6 18 17 16 15 14

Gedruckt in China

PFERDE

GABRIELE BOISELLE

WHITE STAR VERLAG

FOTOGRAFIEN

GABRIELE BOISELLE

TEXT

GABRIELE BOISELLE
AGNÈS GALLETIER

Redaktionelle Leitung
VALERIA MANFERTO DE FABIANIS

Redaktionelle Koordination
GIADA FRANCIA

Layout
PAOLA PIACCO

4–5 Zwei andalusische Hengste, die sich gut verstehen. Sie reiben ihre Nüstern aneinander und beißen sich mit größter Zärtlichkeit. Kraft, Anmut und innige Liebe zweier majestätischer Wesen.

Inhalt

6 Der zugleich tiefgründige, ernsthafte und sanfte Blick eines Pferdes ist für mich immer bewegend. Es ist, als ob wir in einen Spiegel schauen. Fällt dieser weise Blick auf unsere Gefühlsverwirrung und unser Gedankengebäude, dann ist alles, was uns umtreibt, von einer Sekunde auf die andere völlig verändert.

7 In dem feurig intensiven Blick, den anmutigen Halsbewegungen, fein ziselierten Ohren und dem zarten Flaum bebender Nüstern liegen alle Emotionen eines Pferdes.

9 links Es hat nichts damit zu tun, ein Haflingerpony zu sein, wenn einen beim Verlassen des Stalles das Ungestüm packt. Bei diesen ewigen Schauspielern kommt der befreiten

Bewegungsfreude nur der Stolz gleich, die bewundernden Blicke der Zuschauer auf sich zu ziehen.

9 Mitte Pferde sind nie ganz frei von Furcht, vor allem nicht eine Stute und ihr Fohlen. Die Mutter ist jederzeit bereit, ihr Kleines gegen Feinde zu verteidigen. Um Pferde fotografieren und mit ihnen leben zu können, muss man lernen, mit ihrer tief verwurzelten Unruhe umzugehen.

9 rechts Der Zauber, der von den Bewegungen eines Pferdes ausgeht, ruft immer wieder Bewunderung hervor. Seit Urzeiten verbindet dieses universelle Empfinden die Menschen.

Einleitung

Beim Fotografieren projizieren wir ein Bild, das wir vor unserem inneren Auge sehen, auf die Außenwelt. Hinter dem Sucher unserer Kamera warten wir auf den magischen Augenblick, in dem das tatsächliche Bild wie durch einen Zauber mit unseren verborgensten Vorstellungen verschmilzt. Gabriele Boiselle bringt Pferden immer wieder aufs Neue vielschichtige und tiefe Gefühle entgegen, die stets von Entzücken und Zärtlichkeit geprägt sind. Daran ändern die vielen Jahre, die sie bereits in ihrer Gesellschaft verbracht hat, ebenso wenig wie die lange Berufserfahrung, die zu einer Neutralisierung und Rationalisierung dieser Empfindungen hätte führen können. Diese Fotografin ist von einer leidenschaftlichen Pferdeliebe beseelt. Sie kann nachempfinden, wie Pferde die Welt wahrnehmen, sieht ihre Reaktionen vorher, weiß, wie sie mit Pferden sprechen, sie berühren kann. Sie erfreut sich am Geruch eines Pferdestalls wie andere am Duft einer Blume. Da steht sie dann im Pferdemist oder Schlamm, vergräbt ihre Hände in einer Mähne, in einem Fell, drückt einer weichen und warmen Schnauze einen Kuss auf, umfängt den Hals des einen Pferdes, krault das Ohr eines anderen, lehnt ihren Kopf an einen Pferderücken wie an eine tröstende Schulter. Nach und nach spricht sie mit jedem Tier wie man das mit kleinen Kindern, wertvollen Vertrauten, alten Freunden oder fröhlichen Gefährten tut. Diese empfindsamen Riesen wissen sofort Bescheid, sie erkennen in ihr die Pferdefrau, die zu ihrer Welt gehört, mit der sie sich ohne Worte unterhalten, einen wilden Ritt absolvieren und zärtlich schmusen können. Sie durchwühlen ihre Taschen, zerzausen ihre blonde Mähne, versenken ihre Nüstern indiskret in ihrem Dekolleté, kneifen die Augen zusammen und kapitulieren unter ihren freigebigen Händen. Innerhalb dieser Liebesbeziehung hat sich die Fotografie im Lauf der Jahre vorsichtig ihren Platz erobert. Sie wirkt nicht als Eindringling, sondern eher wie eine Bestärkung, wie eine Möglichkeit, eine physische Bindung zu sublimieren und sie mit anderen Reitern zu teilen.

Gabriele kennt seit ihrer Kindheit zwei Leidenschaften: Pferde und Fotografie. Die Liebe zu Pferden hat sie von ihrer Mutter geerbt, deren Familie – Landwirte und Viehzüchter – seit Generationen zahlreiche Pferde besitzt. Die Begeisterung für die Fotografie hat ihr Vater geweckt, als er der 14-Jährigen den ersten Fotoapparat schenkte.

Die Idee, Pferdefotografin zu werden, hat Gabriele allerdings erst sehr viel später. In jungen Jahren will sie Journalistin werden und Pferde auf den Rang eines Freizeitvergnügens verweisen. Sie verlässt die Kleinstadt Speyer und geht zuerst nach Frankfurt, später nach Berlin. Sie beginnt Zeitungsartikel zu schreiben, will beim Fernsehen arbeiten, sich einen Namen machen, um dann zwischen Zeitungs-

redaktionen, kulturellen Veranstaltungen und Vernissagen zu pendeln. Aber ihre wirkliche Bestimmung holt sie ein, bringt sie auf den richtigen Weg. Sie ist viel zu unabhängig, um sich in eine Form pressen zu lassen, viel zu leidenschaftlich, um den Mund halten zu können, viel zu abenteuerlustig, um hinter einem Schreibtisch zu sitzen. Also bricht Gabriele mit ihrer Fotoausrüstung auf, durchstreift die Welt, anstatt von einer gesellschaftlichen Veranstaltung zur nächsten zu eilen, ist eher auf den Gängen von Flughäfen als von Zeitungsredaktionen anzutreffen. An allen Orten, zu denen ihre Neugier sie führt, trifft sie natürlich auf Pferde. Und auf Reiter, in deren Gedanken, Gesprächen und Leben – wie bei ihr selbst – die Pferde im Mittelpunkt stehen. Die Journalistin in ihr möchte Zeugnis von der Reitkultur ablegen, die Pferdenärrin möchte den Tieren huldigen, die Fotografin hat den Wunsch, ihrer Arbeit einen eigenen Stil aufzudrücken. Diesen Stil aber muss sie erst noch finden.

Anfang der 1980er-Jahre bereist Gabriele die arabischen Länder, um in den schönsten Gestüten Pferde zu fotografieren. Sie, die alle europäischen Rassen sehr genau kennt – die Eleganz der Turnierpferde wie auch die Kraft der Zugpferde – erliegt für alle Ewigkeit und mit Haut und Haaren dem Charme des wunderbaren „Windtrinkers". Die Begegnung mit einem Vollblut-Araber-Hengst in der bezaubernden Umgebung eines ägyptischen Gestüts wird für sie zu einem aufwühlenden Erlebnis und damit zu einem Wendepunkt ihrer beruflichen Laufbahn. Bei ihrem Besuch in Al Zahraa, einem Vorort Kairos, taucht vor ihren Augen ein Ausnahmepferd von unvergleichlicher Anmut und Schönheit auf. Der schöne Echnaton – so lautet der Name dieses Pferdes – bezaubert die Reiterin mit seinem Charme, spricht ihr ästhetisches Empfinden an und fordert ihr fotografisches Talent heraus. Sie lässt sich in dem Gestüt einen Termin geben, um am nächsten Tag Aufnahmen zu machen. Das edle Tier wiederholt seine Demonstration von Leichtigkeit und fließender Bewegung in einem Ausbruch triumphierender Energie, während die junge Frau sich abmüht, es unter den besten Blickwinkeln mit ihrem Objektiv festzuhalten. Vergebens. Als sie am nächsten Tag die Kontaktabzüge betrachtet, verliert sie ihre bisherige Selbstsicherheit. Sie empfindet eine grausame Diskrepanz zwischen dem Zauber, dem Entzücken, das sie zweimal mit ihrem Modell erlebt hat und der Flachheit, mit der es sich auf dem Papier präsentiert. Als sie die Enttäuschung und die Demütigung überwunden hat, trifft sie eine Entscheidung, die ihren weiteren Lebensweg verändern sollte: Von nun an will sie unermüdlich der edlen Schönheit dieses Tieres nachjagen, bis es ihr gelungen sein wird, sie auf ihren Fotografien festzuhalten.

10 Hier sind alle Elemente des andalusischen Pferdes vereint: die sanftmütigen Augen, die runden Formen, der fügsame Charakter, der sogar die harte Kandare im Maul akzeptiert. Andalusien, das Reiterland *par excellence*, ist eine fantastische Inspirationsquelle für meine Fotos.

Vier Jahre später, nachdem sie Hunderte von Filmen verbraucht hat, ist die Fotografin der Meinung, ausreichende Fortschritte gemacht zu haben, um ihre Arbeit der Öffentlichkeit präsentieren zu können. Sie veröffentlicht den ersten Kalender mit ihren zwölf besten Fotos von Araberpferden. Der Titel des Kalenders lautet „Faszination" als Huldigung an ihre Modelle und die Gefühle, die sie in ihr auslösen. Wir schreiben das Jahr 1984, und der Verlag Edition Boiselle wird gegründet, um diese Arbeit in Deutschland und Frankreich, später weltweit zu vertreten und zu unterstützen.

Gut zwanzig Jahre später hat sich der Boiselle-Stil in den Kreisen der Pferdeliebhaber aller Kontinente durchgesetzt, auch wenn die Fotografin selbst noch immer hinter ihrem Traum von Perfektion herjagt. Wer nur ein einziges ihrer Pferdeporträts gesehen hat, wird diesen unnachahmlichen Stil nie mehr vergessen, diese besondere Poesie und pure Kraft, die einen geradezu anspringt und für immer gefangen nimmt. Man sieht das Titelbild einer Zeitschrift oder eines Kalenders und kann sofort sagen: „Das ist von Boiselle". Jeder Fotograf träumt davon, eine solche Signatur zu erreichen, die ihn von allen anderen abhebt. Gabriele scheint jedoch immer an sich zu zweifeln, sich in Frage zu stellen, eine Bestätigung und Anerkennung ihrer Arbeit zu erhoffen. Immer wieder staunt sie über den Erfolg ihrer Bilder und die Wertschätzung, die sie von Kollegen erfährt. Noch immer fühlt sie sich weit entfernt von dem Ziel, das sie sich Anfang der 1980er-Jahre in dem besagten ägyptischen Gestüt gesteckt hat.

Ich selbst bin da gegenteiliger Auffassung: Gabriele schenkt uns nicht nur einen blassen Abglanz der tatsächlichen Schönheit. Im Gegenteil, sie sublimiert diese Schönheit und hält sie mit überraschender Poesie fest. Wie oft habe ich sie zu Aufnahmen begleitet, bei denen das Pferd schön, aber in keiner Weise ungewöhnlich war, die Umgebung alles andere als perfekt und das Wetter eher unfreundlich ... Gabriele drehte und wendete sich, durchmaß die Örtlichkeiten, beobachtete das Pferd, überlegte einige Minuten, bevor sie in ihrem riesigen Ausrüstungskoffer grub und Anweisungen erteilte: Das Pferd sollte zu einer bestimmten Zeit an einer bestimmten Stelle vor einem bestimmten Hintergrund sein. In ihrem Kopf war ein Bild entstanden, und sie ruhte nicht, diesem Bild nachzujagen, auch wenn sie Hunderte von Fotos machen, mehrfach wiederkommen musste und die Eigentümer fast zum Wahnsinn trieb, die nicht begreifen konnten, wonach diese geheimnisvolle Frau eigentlich suchte. Zwar war ihnen klar, dass die Fotos letztlich mit allen vorherigen nicht zu vergleichen sein würden, aber sie verstanden nur selten, welcher Weg bis dahin zu gehen war und wie viel Arbeit es erforderte, bis dieses Ziel erreicht war.

14–15 „Das gesamte Leben eines Pferdefotografen verfolgt nur ein Ziel: die harmonischen Bewegungen, den kraftvollen Galopp, das unwiderstehliche Gefühl von Freiheit und den Zauber einzufangen, der von diesen außergewöhnlichen Wesen ausgeht."

Erst wenn sie auf dem Bildschirm ihres Rechners das Ergebnis betrachteten, gaben sie ihren Widerstand auf. Das Foto zeigte ihnen, was ihr Herz seit langem über dieses Pferd wusste: Sie sahen dessen innere Schönheit, große Kraft, Erhabenheit, Empfindsamkeit und Anmut. Auf diesen wenigen Fotos war alles vereint und hielt für die Ewigkeit die Herrlichkeit eines Pferdes fest, das im Alltag eher gewöhnlich wirkte.

Häufig müssen Pferde für die Fotos in eine andere Umgebung transportiert werden, beispielsweise an einen Strand. Mitten in der Nacht bereitet ein Team die Modelle vor, verlädt sie, markiert und sichert das Gelände, in dem sie frühmorgens bei den Aufnahmen frei laufen sollen. Einige der Assistenten schwingen sich selbst auf den Rücken eines Pferdes, um den wilden Galopp eines Tieres, das die wieder gefundene Freiheit überglücklich auskostet, in geregelten Bahnen zu halten. Andere sind mit Peitschen ausgerüstet, um das Pferd anhalten zu können, mit Plastiktüten oder Regenschirmen, um seine Aufmerksamkeit zu fesseln oder mit Bürsten, um zwischendurch die Mähne in Ordnung zu bringen. Nun könnte man einwenden, das sei doch alles sehr künstlich und ein großer Aufwand, nur um ein Pferd zu fotografieren. Im Gegenteil, Gabriele möchte dem Pferd seinen natürlichen Glanz wiedergeben und erreicht dies in einer Umgebung, die seiner ursprünglichen Freiheit möglichst nahe kommt, weit weg von dunklen Reithallen, abgeriegelten Reitbahnen und eingezäunten Wiesen. In freier Natur, von der Weite berauscht, findet das Pferd seine Lebensfreude wieder, seine ursprüngliche Kraft, seine schönsten Ausdrucksformen. Die Fotos legen davon Zeugnis ab.

Gabrieles Arbeit beschränkt sich aber nicht auf diese organisierten und vorbereiteten Aufnahmen. Oft sehe ich, wie sie sich unbeschwert damit vergnügt, spontane Szenen festzuhalten, die sie gerade beobachtet. Sie lässt sich inmitten der Pferde auf einer Wiese nieder, wälzt sich voller Freude mit den Fohlen im Gras, die an ihrer Kleidung knabbern, reagiert auf Hengste, die sie provozieren wollen. So wartet sie, lässt ihren Blick umherschweifen, bis sie das richtige Pferd im Sucher hat, das sich ihr ausliefert wie an seinesgleichen. Das kann bei teils abscheulichen Wetterbedingungen Stunden dauern. So schlottert sie schon einmal im Schnee und eisigen Wind Islands oder kommt unter der glühenden Sonne Marokkos tüchtig ins Schwitzen, aber ihr Auge bleibt am Sucher, solange das Pferd ihr etwas zu geben hat.

Es kann vorkommen, dass wir zu einem Termin unterwegs sind, und sie das Auto plötzlich am Straßenrand abstellt und mit ihrem Fotoapparat auf eine Wiese läuft. Dann vergisst sie alle Zeitpläne, Verpflichtungen und selbst das Telefon, dessen Geklingel immer aufdringlicher wird. Wenn Gabriele hat ein unbekanntes schönes Pferd oder einen Esel entdeckt hat, dass muss sie dessen lange

Ohren auf der Stelle kraulen – auch wenn zugleich die Welt in Stücke fällt. Sie spielt mit ihrem Fotoapparat und den unvorbereiteten Modellen, hängt ihre schöne Kostümjacke in die Büsche, macht sich ihre eleganten Schuhe im Gras schmutzig, lässt es zu, dass die Pferde ihren Kopf an ihrem Mantel reiben. Danach kommt sie, verschmitzt lächelnd wie ein kleines Mädchen wieder zum Auto, die Haare zerzaust und voller Heu. Vergessen sind die zwei Stunden, die sie beim Friseur zugebracht hatte, um mit einer untadeligen Frisur bei ihrem Termin zu erscheinen. Sie lacht, versucht vergeblich, wieder ein zivilisiertes Aussehen anzunehmen, dann lässt sie den Motor an und braust los, um die Verspätung einzuholen.

Nach 25 Jahren Pferdefotografie könnte man erwarten, dass ihre Augen müde geworden seien, ihre Kreativität versiege und ihre Begeisterung zurückgegangen sei. Aber bei Gabriele scheint die Lust am Fotografieren unstillbar zu sein. Hat sie einige Tage keine Aufnahmen gemacht, scheint sie ganz im Gegenteil ihre Energie und Frische zu verlieren. Sie langweilt sich. Das Fotografieren fehlt ihr, physisch und psychisch. Dann muss sie die Bürotüre wieder hinter sich abschließen und sich zu neuen Reisezielen aufmachen, wo Traumpferde und neue Bilder auf sie warten. So erhält ihre Fantasie, ihr Schönheitsempfinden, ihr Harmoniebedürfnis neue Nahrung. Mit beiden Beinen fest auf der Erde, den Blick auf fliegendes Rosshaar oder eine tänzelnde Kruppe geheftet, findet sie wieder ihre Mitte. Wenn man ihr die Pferde und den Fotoapparat wegnimmt, verkümmert diese natürliche Kraft. Sie zieht sich alle möglichen Krankheiten zu, lacht nicht mehr, hört auf zu arbeiten – bis einfach nichts mehr geht. Ich bin aufrichtig davon überzeugt, dass sie daran sogar langsam sterben könnte. Vielleicht ist es genau diese Schwäche, die ihren Fotos solche Kraft verleiht, diese lebensnotwendige Bindung an Pferde, die uns so stark berührt.

Es kommt nicht häufig vor, dass man von Fotografien bis ins Innerste getroffen wird, Gänsehaut bekommt. Gabrieles Fotos können das erreichen, denn sie bieten das Wesentliche: Schönheit, die jede Wirklichkeit überstrahlt, Poesie zur Bekämpfung jeglicher Barbarei, Spiritualität, die den Alltag sublimiert. Diese Fotos zeigen uns, warum wir seit Urzeiten eine so starke Bindung an Pferde haben. Uns fasziniert ihre Wildheit, die Kraft, die sie uns verleihen, damit wir über uns hinauswachsen können, die Weisheit, die sie uns tagtäglich lehren. Die Arbeiten von Gabriele Boiselle öffnen uns wie jedes echte Kunstwerk die Augen für die Welt und für uns selbst.

Agnès Galletier

Anmut und Schönh

Anmut und Schönheit

Anmut und Schönheit eines Pferdes sind für mich untrennbar mit dem Vollblut-Araber verbunden. Von keiner anderen Rasse geht ein derartiges Charisma, eine so strahlende Energie und natürliche Eleganz aus. Wenn ich an meine erste Begegnung mit einem Araberhengst im ägyptischen Nationalgestüt von Al Zahraa denke – er hieß Echnaton –, empfinde ich jedes Mal eine Art Schauder. Noch 25 Jahre später bekomme ich eine Gänsehaut.
Ich erinnere mich genau, wie ich mit einem uralten gelben Taxi, das wundersamerweise noch fahrbereit war, bei dem Gestüt ankam. In der entsetzlichen Hochsommerhitze fuhren wir mit stotterndem Motor eine Palmenallee hinunter. Es muss um die Mittagszeit gewesen sein. Als wir endlich ankamen, hörte man keinen einzigen Vogel singen, kein Lüftchen bewegte die Blätter der Bäume – kein vernünftiger Mensch hätte sich dieser glühenden Sonne ausgesetzt. Die Erde bestand nur aus Staub. Wir waren alleine, verloren in einer Lichtflut.

Plötzlich wurde die Stille und Reglosigkeit dieses Ortes durchbrochen, ein Staubwirbel bildete sich und raste auf uns zu. Inmitten dieser Staubwolke erblickte ich das fantastische, unwirkliche Bild eines grauen Hengstes. Er flog eher als dass er galoppierte, bei jedem Schritt entstanden unter seinen Hufen kleine Staubwirbel. Er bewegte sich mit der Grazie einer Tänzerin, seine leichten und fließenden Bewegungen erschienen bei einem so großen Tier fast übernatürlich. Seine Erscheinung, insbesondere die Haltung seines Kopfes, strahlte eine königliche Würde aus. Mit offenem Mund, angehaltenem Atem und weit aufgerissenen Augen war ich von diesem Anblick wie hypnotisiert. Seit dem Tag dieser Erscheinung hat sich in mir durch den Hengst Echnaton für immer das Bild einer absoluten, unveränderlichen und fast unwirklichen Schönheit eingeprägt. Dieses Gefühl, diese vibrierende Erinnerung haben ohne Zweifel mein weiteres Leben und meine weitere Arbeit beeinflusst.
Am nächsten Tag kam ich mit meinem Fotoapparat zurück. Ich wollte versuchen, diesen Zauber wenigstens ansatzweise einzufangen. Ich erinnere mich an ein verheerendes und völlig deprimie-

rendes Ergebnis. Als ich meine Fotos betrachtete, weinte ich vor Enttäuschung und Frustration. Zwischen meinen aufwühlenden Empfindungen und der Armseligkeit und Flachheit dieser Bilder gab es keinerlei Zusammenhang.

Genau in diesem Augenblick begann die Suche meines gesamten Fotografenlebens: Ich wollte durch meine unbewegten Bilder die Emotionen ausdrücken, die durch Pferde hervorgerufen werden, wollte auf diese Weise die flüchtige, vergängliche, fast abstrakte Vision, diese geradezu esoterische Erfahrung mit den Menschen teilen, die meine Arbeiten später aus dem Zusammenhang gelöst betrachten.

Noch heute ist die Lehrstunde, die der schöne Echnaton mir erteilt hat, die Basis meiner Arbeit. Bei jeder neuen Aufnahme gehe ich folgendermaßen vor: Ich lasse das Pferd auf mich wirken, nehme mir Zeit, seine Schönheit, sein Charisma, seine Persönlichkeit in mich aufzunehmen. Dann schließe ich die Augen und stelle mir die Fotografie vor, mit der ich diesen Eindruck vermitteln kann, das unbewegliche Bild, das die Emotion, die Grazie der Bewegung, die Intensität des Ausdrucks wiedergeben könnte. Wenn ich die Augen wieder öffne, weiß ich, was ich erreichen möchte, und versuche, durch meine Arbeit genau dies zu verwirklichen.

17 Templado, das Dressurpferd von Frédéric Pignon, scheint sich seiner Schönheit bewusst zu sein.

18 und 19 Die Anmut eines Andalusiers findet nur noch in seiner Kraft eine Entsprechung. Bei einer der schwierigsten Figuren der Hohen Schule, der Kapriole, muss das Pferd in die Luft springen, bevor es mit den Hinterbeinen heftig ausschlägt. Das Pferd wird von einem der herausragendsten Reiter und Dresseure der Königlich-Andalusischen Reitschule von Jerez geführt.

Anmut und Schönheit

Auch wenn ich mich dabei auf mein Modell konzentriere, wenn ich herauszufinden versuche, was am schönsten, am graziösesten an ihm ist, geht mein Bestreben darüber hinaus. Bei jeder Fotografie versuche ich, ein winziges Stück der Grazie und Schönheit der Pferde insgesamt einzufangen. Diese spiegelt sich in jedem einzelnen Tier wider, sei es durch eine besondere Färbung oder eine erstaunliche Besonderheit. Es ist wie mit den wechselnden Facetten des Universums.

Jedes Pferd ist schön. Oft halte ich am Straßenrand an, klettere über die Absperrung einer Koppel und fotografiere die Pferde. Das sind keine Grand-Prix-Athleten, keine Rennpferde eines Emirs, und es ist auch nicht die besondere Sammlung eines reichen Besitzers. Nein, es sind ganz normale Pferde, die friedlich grasen und mich nicht ohne Neugier mit meiner Fotoausrüstung ankommen sehen.

Selbst so genannte stämmige Pferde können anmutig sein. Diese Anmut drückt sich nicht unbedingt in ihren Bewegungen, sondern in ihrer gesamten Erscheinung aus. Jedes Mal wieder staune ich über ihre große Würde, die Weisheit in ihrem Blick oder die Gemessenheit ihrer langsamen Bewegungen.

Die Anmut eines Spanischen Pferdes mit seinen Rundungen und seiner Eleganz ist eine andere als die eines Vollbluts mit seiner Feinheit und Vitalität. Ein lang gestreckter und kantiger Achal-Tekkiner in der Wüste ist etwas völlig anderes als ein massiver und gedrungener Friese. Selbst ein Shetland-Pony ist schön und nicht nur niedlich. Wenn es seine Vitalität und seine enorme Kraft ausdrückt und seinen festen Charakter erahnen lässt, wird dieses kompakte Pferd zu einem unvergleichlichen Individuum.

Alles an einem Pferd ist schön. Die zarte Form seiner weichen Nüstern, die edle Linie seines Kopfes, die Ziselierung seiner Ohren, das seidige Rosshaar, die elegante Geschmeidigkeit seines Halses, die Kraft seiner Brust bis hin zu der fleischigen Rundung seiner Kruppe und der Feinheit seiner Glieder. Jeder Schritt erscheint bewusst gesetzt, jede Bewegung voller Anmut, jeder Ausdruck vibrierend. Ein Pferd braucht einfach nur den Kopf zu drehen oder seinen Hals zu strecken, um sich vorsichtig mit seinen Nüstern zu nähern, so zeigt sich die ganze Feinheit dieses Ausnahmewesens und die Harmonie seines Universums. Es ist, als gäbe es in der Welt der Pferde nichts Vulgäres, Banales, Mittelmäßiges.

Das Pferd scheint zu glauben, es sei von der Natur nicht genügend ausgestattet und sucht sie daher selbst zu überbieten, indem es posiert. Es möchte uns imponieren, die Augen sollen uns übergehen. Da braucht es nur einige Zuschauer, einen Schwarm von Bewundererinnen, und schon verwandelt sich unser Engel in einen Dandy. Er streckt die Nase vor, rollt mit den Augen, bläst die Nüstern auf, dreht und wendet den Hals, bewegt den Schwanz wie eine Standarte, wechselt die Gangarten, wobei er seine Beine in wilden, aber perfekt kontrollierten Bewegungen hochwirft. Dieser Wichtigtuer scharrt ungeduldig mit den Hufen, bäumt sich auf und setzt sich vor unseren bewundernden Blicken in Szene. Weiß er, dass wir ihn bewundern? Daran besteht kein Zweifel. Schelmisch tut er so, als wolle er uns gefallen, als wüsste er, dass wir nur darauf warten. Nach einigen Minuten dieses Schauspiels ist er sicher, die Schar seiner Bewunderer zufrieden gestellt zu haben, und wird im Bruchteil einer Sekunde wieder der Brave, der gesetzte und hochmütige Herr, der in olympischer Ruhe in seinen Stall zurückkehrt.

Es ist ungewöhnlich und verblüffend, wie weit verbreitet die Empfänglichkeit für die Schönheit der Pferde zu sein scheint. Wo auch immer man ist, sobald nur irgendein Klepper eine Dorfstraße überquert, rufen Kinder spontan: „Wie schön!" Sie laufen von überall her zusammen: „Ein Pferd, da ist ein Pferd! Kommt schnell!" Alle wollen sich dieser flüchtigen Erscheinung nähern, die – als entspringe sie ihrer Fantasie – sogleich wieder in seine geisterhafte Welt entschwinden wird. Die Alten lächeln zärtlich und werden beim Lied der Hufe auf dem Pflaster für Momente wieder jung. Andere beobachten das Pferd lieber aus der Entfernung, in ihren Augen zeigt sich eine Mischung aus Faszination und Furcht, die Pferde bei Menschen hervorrufen, die nicht mit diesen großen Tieren vertraut sind.

Dieses Tier verzaubert, beschert uns Träume, lässt Wunder wahr werden. Es ist Pegasus, der uns seine Flügel borgt, uns dem Himmel näher bringt, uns für einige Momente die harten Gesetze der Schwerkraft vergessen lässt. Ein Reiter ist näher an Gott und erhebt sich im edelsten Sinn des Wortes.

Was Pferdeliebhaber im Übrigen noch stärker bewegt als die Anmut des Tieres, die Noblesse seiner Bewegungen, ist ganz sicher dessen seelische Größe. Dieses Tier berührt unseren Geist, stillt unseren Hunger nach Schönheit und nach dem Absoluten. Es ist, als gäbe uns seine Anwesenheit, die Tatsache, dass wir mit ihm in Berührung kommen, die Kraft, den Qualen des Alltags, den Kompromissen und kleinen Erbärmlichkeiten, der Niedertracht der uns ständig auferlegten Grenzen zu trotzen. Die Schönheit eines Pferdes lindert Schmerzen, reinigt und belebt den Geist. In eben diesem Zustand befindet sich ein Reiter, wenn er die Stallungen verlässt. Er fühlt sich gereinigt, voller Energie, erfüllt von neuer Kraft. Das Schöne hat sein Werk vollbracht. Es ist, als habe es beschlossen, den harmonischen Körper der Pferde und ihren reinen Geist zu benutzen, um uns besser helfen zu können.

Dies ist ohne Zweifel auch der Grund, warum sich die Kunst so oft mit dem Pferd beschäftigt hat. In jeder Epoche und in allen Kulturen wurde das schöne Tier in allen möglichen Formen dargestellt. Das reicht von den ersten Felsmalereien in prähistorischen Grotten über die ägyptischen Fresken, römischen Statuen, chinesischen Keramikarbeiten bis zu den Skizzenheften von Delacroix. In allen Städten dieser Welt gehört zu den meisten Statuen ein Pferd. Was wäre das stattlichste Erscheinungsbild eines noch so berühmten Mannes ohne sein Streitross? Noch heute sind die Künstler vom Pferd fasziniert, von der Kraft, die es jedem ihrer Werke verleiht, aber auch von den Schwierigkeiten bei dem Versuch, seine natürliche Harmonie darzustellen.

20 Ein Friese, aufgenommen an einem amerikanischen See. Um uns braust der Verkehr auf den Autobahnen, die nach Los Angeles führen, aber diesem Hengst gelingt es, das vergessen zu lassen. Nur seine majestätische Schönheit zählt.

22–23 Frühmorgens entsteigt der Hengst Ibanil, ein Lusitano, an einem andalusischen Strand dem Meer.

25 Anmut und Sanftheit des Arabers sind ein Zeichen seiner fantastischen Eleganz, die gepaart ist mit einer unvergleichlichen Sensibilität.

Der Mensch, der sich aller Dinge bemächtigen möchte, wollte sich damit – und versucht dies noch immer – auch die Anmut des Pferdes zu eigen machen, wollte deren zweiter Schöpfer werden. Das Musterbeispiel für diesen Versuch ist die Dressur, die Hohe Schule. Diese Bezeichnung verleitet den Neuling zu der Annahme, man dressiere dort die Pferde, um ihnen noch mehr Anmut zu verleihen, ihre Bewegungen zu vervollkommnen, ihre Gangarten besonders herauszustellen. In Wirklichkeit ist das Ziel vieler Übungen, vom Pferd das zu bekommen, ... was es von Natur aus kann. Seine Piaffe, seine Passage, seinen sagenhaften Spanischen Schritt, die es normalerweise nur zur Einschüchterung oder Verführung einsetzt. Der Mensch fasst die Gangarten des Pferdes in Normen, um sie jederzeit abrufen zu können. Damit ist die Aneignung vollkommen: Der Reiter kommt nicht nur in den Genuss der natürlichen Eleganz des Pferdes, sondern macht sich auch das Arsenal der Verführung zu eigen, die das Pferd seinen Nächsten vorbehalten hatte.
Kein anderes Tier wurde je Gegenstand einer so umfassenden Pflege, einer so ausgedehnten Kultur hinsichtlich Zierde und Verschönerung. Nicht einmal der Hund, auf den wir so viel Liebe projizieren, wurde jemals in diesem Maß herausgeputzt, gekleidet und mit Accessoires geschmückt wie das Pferd.

Anmut und Schönheit

Als Hommage an seine natürliche Schönheit haben wir echten Schmuck entworfen, sein Zaumzeug mit Perlen und Edelsteinen verziert, seine Satteldecken mit Goldfäden genäht, aus seiner Kandare Meisterwerke der Goldschmiedekunst gemacht. Das Kunsthandwerk rund um das Pferd gehört in den meisten Ländern zu den aufwändigsten und luxuriösesten. In einigen arabischen Souks gibt es ganze Straßen mit Sattlern, deren überaus sorgfältige Arbeit Reiter aus aller Herren Länder anzieht. Die französische Sattlerei Hermès bietet die Herstellung nach Maß gefertigten Sattel- und Zaumzeugs an. Die Engländer rivalisieren in Erfindungsgeist und Talent, um die weichsten Ledersorten der Welt herzustellen. Der Luxus dieser Accessoires liegt nicht nur in deren Bequemlichkeit, sondern stets auch in ihrer Schönheit. Als könnte für unsere Pferde nichts schön genug sein. In einigen Ländern wie Indien schminkt man die Pferde oder färbt ihre Mähne mit Henna. Die Indianer Nordamerikas malten den Pferden Hände und Kreise auf ihre Körper. Die Berberfrauen fertigten Perlenketten für sie an.

Wir im Westen flechten mit großer Sorgfalt ihre Mähne, schneiden hier und dort die Haare, die als unschön gelten (in den Ohren oder unter dem Kopf), scheren verschiedene Motive in ihr Fell, die alle wissenschaftliche Namen tragen. Satteldecke, Chaps, Halfter und Longe passen farblich zusammen, die Fransen sind aus Seide, auf die Decken wird der Name des Pferdes gestickt.

Häufig verbringt der Reiter mehr Zeit mit der Verschönerung seines Pferdes als mit dem Reiten. Und warum ist das so? Aus Freude, aus Stolz, aus Ehrerbietung. Die Schönheit des Pferdes wird sicher auch deshalb betont, damit der Mensch sie sich noch besser zu Eigen machen kann. Wie auch immer ... Das Pferd braucht dies alles nicht, scheint aber seinen Spaß dabei zu haben, gibt sich diesem Spiel hin und empfängt in seiner großen Weisheit unsere Ehrerbietung, unseren Perfektionshunger. Es lässt sich herausputzen, lässt wie ein Star die Maskenbildner und Friseure um sich herumwirbeln. Und nickt unter diesem Übermaß an Liebkosungen einfach ein.

Wir können uns noch so sehr anstrengen, die Schönheit der Pferde gehört uns nicht. Sie durchzieht die Jahrtausende, ist kontinenteübergreifend, macht sich über die Kulturen und Moden lustig. Sie ist einfach da, vollkommen, ungeschminkt, umfassend. Ewig.

Nachdem ich seit nunmehr einem Vierteljahrhundert mit meiner Kamera Jagd auf diese Schönheit mache, weiß ich, dass es mir noch immer nicht gelingt, das Wesentliche einzufangen. Es kommt vor, dass ich mich diesem Ziel nähere, dass ich den Eindruck habe, es fast erreicht zu haben. Aber ich brauche nur meinen Blick wieder auf das lebendige Pferd zu richten, und meine Illusionen schwinden. Das Bild, das ich in Händen halte, wird immer nur ein mehr oder weniger naturgetreuer Abglanz sein können.

Anmut und Schönheit

26–27 Die Schönheit des Friesen lässt sich weniger mit einem fürstlichen Araber als mit einem gepanzerten, überaus starken Kämpfer vergleichen, der auf manche sogar unheimlich wirkt. Die Beinarbeit dieses ebenholzfarbenen Kolosses mit seiner glänzenden, im Winde wehenden, üppigen Mähne wäre einer Militärparade würdig.

Anmut und Schönheit

29 Ansata Nil Pacha zählte zu meinen schönsten Fotomodellen, er war eine unerschöpfliche Inspirationsquelle. Alles an ihm war schön: die perfekten Linien seines Körpers, seine völlig natürlichen geschliffenen Bewegungen und mehr noch seine innere Kraft, seine Aura.

30 und 31 Die Vollblut-Araber haben mir meinen Beruf als Fotografin offenbart. Sie gaben mir den Anstoß – und tun dies heute noch –, stets an einer weiteren Verbesserung meiner Fotografien zu arbeiten. So fotogen sie sind, so sehr hinterlassen sie bei mir auch immer wieder ein Gefühl der Frustration, das schmerzliche Empfinden, ihre Schönheit noch nie in ihrer Vollkommenheit auf meinem Film festgehalten zu haben.

Anmut und Schönheit

32–33 Ein schöner Haflinger-Hengst auf der Hut, umgeben von einer Wolke aus Rosshaar. Die Poesie, die ein freies Pferd in natürlicher Umgebung ausstrahlt, ist ebenso anrührend wie eine Auslese der schönsten Exemplare in den edelsten Stallungen.

34–35 Bei einem Vollblut-Araber in Bewegung meinen wir, das Traumwesen unserer Fantasiewelt vor uns zu sehen. Aufgestellter Schwanz, stolz erhobene Nüstern und Hufe, die den Boden kaum zu berühren scheinen.

36 und 37 Ägyptische Gestüte haben mir die Tore ihrer Ställe voll orientalischen Charmes und auch meine Augen geöffnet für Geschöpfe, deren Anmut ich mir nie hätte erträumen lassen. Der ägyptische Vollblut-Araber wird allen Legenden, die sich um ihn ranken, gerecht, er ist ohne Zweifel eines der schönsten Pferde der Welt.

38–39 Die ungezähmte, stolze und edle Schönheit eines Friesen-Hengstes. Diese Pferde werden von sehr jungen Reiterinnen am meisten bewundert und begehrt. Sie träumen davon, einmal ein solches schwarzes Streitross zu reiten, dessen Kraft sie stärker beeindruckt als jedes Sportpferd.

Anmut und Schönheit

40 und 41 Anton ist ein ungewöhnliches Pferd. Er ist nicht nur von ergreifender Schönheit, auch seine Persönlichkeit, die von Sanftmut und majestätischer Haltung geprägt ist, verblüfft seine Bewunderer. Ich könnte ihn mein Leben lang betrachten und Stunden damit zubringen, ihn unter allen Blickwinkeln zu fotografieren. Er weiß das und posiert für mich, ohne sich jedoch zu verstellen. Ich habe immer das Gefühl, einen alten Weisen vor mir zu haben, eine reine Seele, jenseits aller Zeitbegriffe.

42 und 43 Den langhaarigen und struppigen Tinkern, echten kleinen Teufelskerlen, sieht man ihre Herkunft an: Sie stammen von irischen Zigeunerpferden ab, sind gewohnt an Weiträumigkeit, lange Reisen und Lagerplätze fernab friedlicher und geordneter Ställe

Anmut und Schönheit

44–45 Ich finde alle Pferde schön, ob sie nun groß oder klein sind, vom Vollbutpferd über schwere Pferde bis zu Kleinpferden. Bei diesen kleinen Isländern, deren Kopf von einer dichten Mähne umgeben ist, die vom isländischen Wind gepeitscht wird, hat mich vor allem der weise und sanfte Gesichtsausdruck berührt, der aber zugleich den angeborenen Freiheitsdrang dieses Pferdes zeigt, das an Weiträumigkeit gewöhnt ist.

46–47 und 47 Klare Linien, harmonische Rundungen und ein seidenweiches Fell, das in der Sonne glänzt: Diese Vollblut-Araber scheinen eher zu fliegen, als zu laufen. Sie sind von universeller und gleich bleibender Schönheit. Seit nunmehr über fünfundzwanzig Jahren fotografiere ich sie, um ihrer Schönheit zu huldigen.

48–49 Dieser spanische Vollblüter demonstriert wie ein Standbild auf einem Sandsockel die Kraft und die Sanftmut, die seiner Rasse zu Eigen sind. Er erinnert mich an die vollen Rundungen alter chinesischer Statuen.

50 und 51 Das ägyptische Nationalgestüt El Zahraa bildet den angemessenen Rahmen für Pferde von göttlicher Schönheit und engelsgleicher Leichtigkeit. Die Rundungen der ockerfarbenen Bögen unterstreichen die anmutigen Linien der Pferdehälse. Für mich zählt dieses Gestüt zu den traumhaftesten Orten der Welt. Zwischen seinen Mauern habe ich die stärksten ästhetischen Emotionen meines Lebens empfunden.

52–53 Ein Körper mit einem Gewicht von über 500 Kilogramm springt wie ein Ball, dehnt sich wie ein Bogen, vergisst alle Gesetze der Schwerkraft, um in einer geradezu unglaublichen Natürlichkeit und Lässigkeit dahinzufliegen.

Anmut und Schönheit

54–55 Die Beduinen Nordafrikas haben ihre Tiere immer geschmückt, um deren Schönheit zu huldigen. Dazu gehörte auch Schmuck wie dieses Collier aus blauen Perlen. In früheren Zeiten hätte diese Araber-Stute ihr Fohlen im Zelt in Anwesenheit der gesamten Familie zur Welt gebracht. Ihr Fohlen wäre zusammen mit den Kindern großgezogen worden und hätte mit ihnen gespielt.

56–57 Ein feuriger Araber in eisigem Schnee. Wegen ihrer zarten Haut und ihrem Fell, das auch im Winter kurz bleibt, kommen diese Pferde mit großer Kälte nicht immer gut zurecht.

Anmut und Schönheit

58–59 Ein Haflinger-Hengst nutzt seine kurze Freiheit am Strand der Nordsee, weit entfernt von seiner Heimat, den Tiroler Bergen. Dieses Kleinpferd hat einige Eigenschaften seiner Vorfahren geerbt: die Robustheit der österreichischen halbschweren Pferde und die Lebhaftigkeit der Araber.

60 Zauberhafte Augenblicke mit diesem Friesen-Hengst, der anscheinend mit mir spielen wollte. Trotz des Windes vom offenen Meer und den weiten Sandflächen um ihn herum, bleibt er ruhig und heiter. Er ist neugierig, was er mit dieser merkwürdigen Fotografin wohl alles anstellen kann.

61 Sechs Uhr morgens in Andalusien: Ein Team von sechs Personen wacht über diesen Lusitano, der an einem Strand freigelassen wird. Zwei von ihnen sind zu Pferd, um ihn zu dirigieren, die Übrigen grenzen einen Sicherheitsbereich mit langen und breiten weißen Absperrbändern ab. Es ist nicht immer einfach, einem Pferd seine Freiheit zu geben, damit seine Schönheit sich Bahn brechen kann.

62–63 Entsteigt hier Poseidon dem Wasser oder ist es ein Friesen-Hengst, der ein erfrischendes Bad genommen hat?

64–65 Bis nach Südafrika bin ich gereist, um Vollblut-Araber zu fotografieren. Was ich dort gefunden habe, war jede Reise wert: strahlend schöne Pferde und eine Kulisse in atemberaubenden Farben.

66–67 und 67 Smudo ist ein außergewöhnlicher Haflinger. Er wurde in Deutschland gezüchtet und hat dort alle Schönheitswettbewerbe seiner Rasse gewonnen. Die Üppigkeit seiner Rundungen und seiner Mähne zusammen mit seinem Charakter machen dieses Kleinpferd zu einem besonders attraktiven Schauspieler.

68–69 Hier ist alles vereint: fließende Bewegung, Grazie, Sanftmut und Stärke, Kraft und Zerbrechlichkeit. Der Blick verliert sich in der fliegenden Mähne dieses Haflingers, und man meint das rhythmische Hämmern seines Galopps zu hören.

70–71 Ein Friese galoppiert in Deutschland über eine frühlingshafte Löwenzahnwiese.

72–73 Ich bin nach Südfrankreich gereist, um Templado zu fotografieren. Entgegen aller Erwartungen war das Wetter abscheulich. Ich war untröstlich, dieses Starpferd der Reitvorführung nicht fotografieren zu können, dessen Aura jeden in seinen Bann zu schlagen scheint. Obgleich es grau und regnerisch war, sind wir mit dem Pferd und der Fotoausrüstung losgezogen. Allen Wetterbedingungen zum Trotz ließ der Zauber nicht auf sich warten.

Kraft und Energie

ft und Ener

Sobald man seine Box betreten hat und ihm das Halfter über die Nase zieht, beginnt es, vor Ungeduld zu beben. Es weiß, dass es nach Stunden des Wartens, isoliert auf diesem engen Raum, endlich seine wahre Natur wird zeigen können, die Natur eines Tieres, das für den Wettlauf, für die Freiheit und die Weite geschaffen ist. Es verlässt den Stall Richtung Paddock, scharrt mit den Hufen, angespannt wie eine Feder, läuft sich in winzigen Galoppsprüngen warm, bevor es sich frei zu bewegen beginnt. Am Ziel angekommen, sollten Sie keine Zeit verlieren, es freizulassen, die Longe vom Halfter zu lösen, sonst könnte es passieren, dass Ihr Pferd sie Ihnen aus der Hand reißt. Es kann sich nicht mehr halten, es kann nicht länger warten. Die Energie, die sich über Stunden angesammelt hat, bricht sich Bahn wie die entfesselte Flut eines Flusses, der Hochwasser führt: Sobald der Weg frei ist, ergießen sich die tobenden Gewässer unkontrollierbar, bereit,

alles zu verwüsten, was ihnen in den Weg kommt. Dieser Fluss hier brodelt und ergießt sich in einen zügellosen Galopp, das Pferd schlägt aus, vollführt Bocksprünge, bäumt sich auf, dreht und wendet sich, schleudert Mähne und Hufe in alle Richtungen. Die viel zu lange zurückgehaltene Energie explodiert wie eine Zeitbombe.

Wahrscheinlich ist das Pferd in diesen Momenten für uns am schönsten und eindrucksvollsten. Mit Schnappschüssen von den ersten Minuten dieses Schauspiels lässt sich diese Energie und Kraft des Tieres wunderbar illustrieren.

Wer sich mit Pferden nicht auskennt, erschrickt bei dieser eindrucksvollen Zurschaustellung, sieht sich schaudernd bei einem höllischen Rodeo auf dem Rücken dieses Pferdes. Für ihn beweist die Szene die Wildheit, ja die Gewalt des Pferdes. Wer hingegen mit Pferden sehr vertraut ist, verfolgt gerührt, wie sich diese natürliche Energie freisetzt. Er weiß, dass sie absolut gesund und auch kontrollierter ist, als es scheinen mag. Pferdekenner ermuntern ihre Tiere, wenn die Äuße

ungen sanfter als gewöhnlich ausfallen, versuchen hingegen sie durch „woh, woh" zu beruhigen, wenn sie den Eindruck haben, dass ihr Kamerad es übertreibt und sich verletzen könnte. Allgemein haben sie jedoch ein strahlendes Lächeln auf den Lippen und werfen dem schlaksigen Kerl einen verständnisvollen Blick zu.

Das Pferd tobt sich aus wie ein Kind nach Schulschluss oder wie ein junger Hund, den man von der Leine lässt. Das hat nichts mit Aggressivität zu tun, es ist Spaß und Spiel. Das Pferd überbietet sich selbst, erfindet Anlässe, das Tempo noch weiter zu steigern, tut so, als wolle es nach dem Zuschauer ausschlagen. Es spielt, es jubelt, weil es seinen Körper spürt, seine Bewegung, seinen Freiheitsgeist. Nachdem sein Reiter oder Pfleger ihm einige Minuten beim Spielen zugesehen hat weiß er, dass das Pferd nun wieder für Vernunft, Aufmerksamkeit und Konzentration zugänglich ist. Der Flusslauf wird wieder gleichmäßig und friedlich.

Zu den großen Freuden des Reiters zählt es, wenn er spürt, wie sich diese fantastische Energie unter ihm, ja mit ihm, Ausdruck verschafft. Wenn unsere Beine, unsere Arme, unser ganzer Körper miterleben, wie das Pferd seine Kraft entfaltet, seine gesamte Energie einsetzt, um auf einer Reitbahn ein Höllentempo anzuschlagen, einen Graben zu überspringen, als handle es sich um eine tiefe Schlucht, in die unendliche Weite abzuheben nach irgendwohin – wobei das Ziel völlig bedeutungslos ist. Es ist, als besteige man bei Sturm eine Wolke, als reite man auf einer gigantischen Welle, als spüre man unter seinen Füßen den Vulkan brodeln. Die Zeit existiert nicht mehr, der Raum ist grenzenlos, das gesamte Universum birgt keine Geheimnisse mehr. Wenn der Mensch, dieses verletzliche und ständig eingeschränkte Wesen, sich auf den Rücken eines Pferdes schwingt, erhält er Zugang zu den Geheimnissen der Schöpfung, zu den tellurischen Energien, die Himmel und Erde verbinden.

---

75 Eine Pferdeherde in Island.

76 *links* Haflinger in schnellem Galopp.

76 *Mitte* Ein junger Lusitano vergnügt sich beim Spiel.

76 *rechts* Haflinger liefern sich ein Wettrennen im Pulverschnee.

78 Der Lusitano Ibanil, ein Hengst, in schnellem Galopp an einem Strand zwischen Jérez und Cádiz.

Kraft und Energie

In diesem Tempo sehen unsere tränenden Augen den Horizont kaum noch, unser Herz schlägt im Rhythmus dieses Höllengalopps, wir wünschen uns, dies möge Stunden dauern, möchten schreien und brüllen vor Glück, Freude und Erregung. Nur unser Gehirn holt uns zwischendurch auf den Boden der Realität zurück: Wenn wir jetzt stürzen, könnte dies sehr wohl bedeuten, dass Gevatter Tod unseren zerschmetterten Körper holen käme. Aber was bedeutet das schon – auf dem Rücken meiner galoppierenden Stute reite ich gerne bis in die Hölle.

Das Pferd verleiht dem Menschen ungeheure Kräfte. Er vervielfacht seine eigene Energie, sein Tempo, seine Ausdauer, er empfindet eine Kraft und Grenzüberschreitung, die für einen Nichtreiter unvorstellbar bleibt. Dieses Gefühl, das wir noch heute im Zeitalter von Flugzeug, Auto und Hochleistungsmotoren empfinden, muss zu Zeiten, als der Mensch als einzige Zugkraft den ruhigen Schritt des Ochsen kannte, noch viel unglaublicher gewesen sein.

Unsere Gedanken und unsere Kultur wurden von der Energie, die wir durch Pferde erfahren haben, so stark geprägt, dass wir noch heute die Leistung unserer Kraftmaschinen in Pferdestärken angeben. Es ist das letzte Zeugnis, die letzte Ehrerbietung diesen Tieren gegenüber, die ihre Kraft jahrtausendelang in den Dienst der Menschheit gestellt haben. Hätten sie nicht die Karren und Kutschen gezogen, die Dreschmaschinen in Gang gehalten, Lastkähne geschleppt, Lasten getragen und als Kavalleriepferde gedient, hätten sich die Zivilisationen niemals in diesem Tempo entwickeln können. Von dem Augenblick an, als der Mensch vor etwa 4000 Jahren begonnen hat, sich auf den Rücken des Pferdes zu schwingen und dieses zu beherrschen, hat sich die Weltgeschichte beschleunigt. Bei den großen Invasionen stand die Revolution des Reitens anfangs im Dienst der Durchsetzung territorialer Ansprüche. Sie gingen alle auf das Konto großer Reitervölker, von den Hunnen über die Mongolen Dschingis Khans bis zu den Mauren, die mit ihren Berber- und Araber-Pferden Südeuropa einnahmen und bis zur Chinesischen Mauer vordrangen.

Zusätzlich zur Stärkung der militärischen Macht hat das Pferd dem Handel, dem Tauschhandel und der beginnenden Industrialisierung einen fantastischen Aufschwung verliehen. Stellen Sie sich vor: Im 18. Jahrhundert arbeiteten in Manchester nicht weniger als 10 000 Shire-Pferde – die größte Zugpferdrasse der Welt – Tag und Nacht in den Docks beim Be- und Entladen der Schiffe. Millionen Pferde arbeiteten in den Städten, auf den Straßen, ja sogar im Bergbau in den Minen, um die Loren zu ziehen. Sie blieben dort jahrelang, ohne jemals Tageslicht zu sehen. Bis in die 1950er-Jahre, als es vom Traktor abgelöst wurde, gab es auf jedem Bauernhof mindestens ein Pferd, ein echtes Arbeitstier, das für die gesamte Familie tätig war.

Wenn wir an die vielen Millionen Pferde denken, die dem Menschen über einen Zeitraum von Jahrtausenden hinweg mit ihrer gesamten Energie, ihrer Intelligenz und ihrem Herzen beigestanden haben, so wird deutlich, wie viel Anlass wir haben, gerade diesen Tieren unsere Ehrerbietung zu erweisen und von Herzen zu danken.

Inzwischen könnte die fantastische Kraft und Energie der Pferde unnütz und vor allem völlig überholt erscheinen. Beim Vergleich mit heutigen Traktoren oder Autos ist das auch unbestreitbar der Fall. Man kann unter der Motorhaube eines einfachen Autos sehr viel mehr Pferdestärken unterbringen als in einem ganzen Stall. Es geht aber nicht mehr darum, echte Pferde und die Pferdestärken der Motoren zu vergleichen, denn die Kraft der Pferde nutzt uns noch immer, allerdings zu völlig anderen, eher psychologischen als mechanischen Zwecken. Betrachtet man die Welt des Pferdes von heute, kann man sagen, dass es mehr denn je dem Ego des Menschen dient. Auf seinem Rücken werden nun keine Länder mehr erobert, sondern Wettbewerbe, Preise, Ehre und die Anerkennung der Mitmenschen gewonnen und manches Mal sogar Geld, viel Geld. Die sportliche Kraft des Pferdes, seine Leistungsfähigkeit steht noch immer im Dienste des Menschen. Nicht mehr, um ihn zu nähren oder zu transportieren, sondern um seinen Wert zu unterstreichen und seiner Zerstreuung zu dienen.

Von dieser Erkenntnis ist es nur ein kleiner Schritt bis zu dem Gedanken, dass die Existenz des Pferdes im weiteren Sinne reine Muße geworden ist. Verglichen mit seinem früheren Leben als Zug- oder Arbeitspferd scheint sein heutiges Leben im Reitsport fast wie Müßiggang, und seine materiellen Annehmlichkeiten wirken absolut beneidenswert. In vielerlei Hinsicht jedoch ist diese Schlussfolgerung ein Irrtum, denn das Leben mancher Turnierpferde ist voller Stress, gegen ihre Natur und gelegentlich schädlicher als eine korrekt durchgeführte Schwerarbeit.

Zum Glück haben die Kraft und die strahlende Energie des Pferdes in den letzten Jahren eine neue Einsatzmöglichkeit im Dienst des Menschen gefunden. Dabei handelt es sich weder um Eroberungen noch um Paraden oder Spitzenleistungen. Nein, das Pferd gibt uns tatsächlich die Möglichkeit, einen Teil unserer Menschlichkeit, unseres Kommunikationsbedürfnisses mit dem Lebendigen auszuleben und unsere eigenen Energiereserven aufzufüllen.

Diese privilegierte und harmonische Beziehung hat es schon immer gegeben: Märchen und Legenden aus aller Welt sprechen von diesem Einklang zwischen Mensch und Reittier. Anfangs stand sie aber nur einigen Eingeweihten offen, Menschen, die das Pferd sehr genau kannten und eng mit ihm zusammenlebten. Heute hat jeder – oder fast jeder – Zugang zu diesem Austausch zwischen Mensch und Tier. Die „Pferdeflüsterer", durch die die „sanfte Ausbildung" der Pferde Verbreitung fand, haben Liebhabern und Sonntagsreitern den Weg geebnet. Diese lernen den richtigen Umgang mit dem Pferd, erfahren, wie sie seine Kraft in gegenseitigem Einverständnis auf natürliche, einfache und friedliche Art kanalisieren können: mit Respekt, Wissen und Intelligenz.

80–81 Geballte Kraft und Energie zeigt dieser Friese.

83 Viele Stunden musste dieser junge Lusitano in seiner Box warten, bevor er sich auf der Reitbahn austoben durfte.

Diese neuen Verhaltensregeln finden inzwischen in allen Bereichen Anwendung: Man verzichtet zunehmend darauf, Pferde zu etwas zu zwingen, und geht vermehrt dazu über, auf ihre Botschaften zu hören. Das hat dazu geführt, dass in zahlreichen Disziplinen die Frauen in der Welt der Pferde eine neue Stellung einnehmen. Immer häufiger sind es heute die Reiterinnen, die es auf die besten Platzierungen schaffen. Da sie gegen die körperliche Kraft des Pferdes nie eine Chance hatten, setzten sie von jeher auf die Zusammenarbeit und das Einvernehmen mit ihrem Tier. Um Leistung zu erreichen, versuchen sie zu motivieren, statt Zwang auszuüben, die Kraft in Bahnen zu lenken, statt sie ungebündelt einsetzen zu wollen. Das Ergebnis: Noch nie gab es in den verschiedenen Reitdisziplinen so viele Frauen unter den zehn Weltbesten.

Unter den Aktivitäten, die dem Pferd die meiste Energie abverlangen, kann man eindeutig den Dauerlauf nennen. Auf internationalem Niveau gehen die Wettbewerbe über 160 Kilometer am Tag über unterschiedliches Gelände: mit Gefälle, steinig, sandig. Die Pferde können eine Durchschnittsgeschwindigkeit von 17 bis 20 Kilometer pro Stunde halten. Das bedeutet, dass sie einige Stunden mit einem erwachsenen Reiter auf dem Rücken galoppieren. Sie legen einige kurze Pausen ein und werden regelmäßig mit Wasser besprüht und getränkt. Es ist eine fast unglaubliche Leistung. Sie ist wesentlich eindrucksvoller als der Marathonlauf des Menschen, der nur drei bis vier Stunden unterwegs ist und dabei nichts auf dem Rücken trägt.

Kraft und Energ

Das Pferd ist ein perfekter Sportler. Es ist nicht nur im Ausdauersport hervorragend, sondern auch unglaublich schnell. Die meisten Pferde können bis zu etwa 45 km/h galoppieren. Bei einem Rennen halten Vollblutpferde über mehr als zwei Streckenkilometer eine Durchschnittsgeschwindigkeit von 55 km/h, manche haben sogar eine Spitzengeschwindigkeit von 70 km/h erreicht.

Woher kommt diese Energie, von der sich die Menschen so faszinieren lassen, wie können die Pferde sie halten? Sie ist zuerst einmal die Frucht von 60 Millionen Entwicklungsjahren, in denen ein Pferd entstanden ist, das fast allen Feinden entkommen konnte und zwar vor allem durch Flucht. Die wichtigsten Ziele dieser natürlichen Selektion waren also eine schnelle Reaktion, Wachsamkeit und Geschwindigkeit. Dann kam der Mensch ins Spiel. Er kreuzte die Rassen, fügte ihnen neue Qualitäten hinzu, spezialisierte sie, je nachdem, ob er die Kraft oder die Schnelligkeit für seine eigenen Zwecke nutzen wollte. Schließlich hatte er Geschwindigkeitspferde, wie die englischen Vollblutpferde, oder Kraftpakete, wie die Percheron- oder Shire-Pferde, gezüchtet.

Über diese rein physischen Betrachtungen hinaus hat die Energie, die Präsenz und Vitalität bei Pferden jedoch eine unglaubliche Intensität. Hierfür gibt es keine vernünftige Erklärung. Es bleibt ebenso ein Geheimnis wie das Potenzial jedes Lebewesens, seine Lebenskraft, dieses Kapital, mit dem es zur Welt kommt. Manchmal braucht jemand einen Raum nur zu betreten, und sofort richtet sich die Aufmerksamkeit der Anwesenden auf diese Person. Das hat nichts mit Schönheit oder Originalität zu tun. Es ist das Charisma, die Aura, eine innere Energie, die auf die anderen ausstrahlt. Auch bei den Pferden gibt es solche Wesen, deren Anwesenheit den Blick unwiderstehlich anzieht und einen unvergesslichen Eindruck hinterlässt.

Waren Sie schon einmal bei einem Pferdemarkt? Sie gehen alle Tiere durch, die an diesem Tag zum Verkauf stehen. Es sind alles sehr gute Pferde, aus gutem Stall, perfekt trainiert und für diesen Anlass herausgeputzt. Sie blättern den Katalog durch, Seite für Seite, und betrachten die Fotos dieser prachtvollen Exemplare. Und dann betritt das Pferd die Bühne, dessen Beschreibung Sie soeben angeschaut haben. Plötzlich gibt es keinen Katalog mehr, kein Publikum, keinen Moderator, keinen Verkauf. Die Zeit bleibt stehen und Ihr Herz auch. Sie haben nur noch Augen für diese Schönheit und vor allem für die unbeschreibliche Energie, die Kraft, die nicht nur von diesem Körper, sondern auch von diesem Geist ausgeht. Es ist, als würden Sie sich verlieben. Dieses Pferd müssen Sie haben, sich mit seiner Atmosphäre umgeben. Es darf nicht mehr aus Ihrem Leben entschwinden, um in das eines anderen Menschen einzutreten. Mit dem Wert des Pferdes hat dies nichts zu tun, denn auch auf einem ganz gewöhnlichen Dorfviehmarkt kann dieser Blitz Sie treffen. Es ist die Energie des Pferdes, von der Sie berührt werden, seine Schwingung, die Resonanz, die Sie in sich spüren.

Haben Sie einen solchen Seelenverwandten und Mitstreiter gefunden, in den Sie sich verliebt haben, wissen Sie, was es bedeutet, im Energiekreis eines Pferdes zu leben. Aus seiner Anwesenheit, den stummen Zwiegesprächen, den Ausritten, an denen Sie sich gemeinsam erfreuen, nährt sich Ihre innere Kraft. Bei all Ihren Sorgen und Nöten und dem Gewicht des Alltags werden Sie durch die wunderbare Präsenz dieses Pferdes getröstet, innerlich gereinigt und belebt. Eine Stunde auf seinem Rücken –, oder einfach nur an seiner Seite – und Ihre Sorgen sind verflogen. Sie haben sich wie durch ein Wunder verflüchtigt. Bei Ihrer Rückkehr aus dem Stall sind Sie glücklich, entspannt, sorglos und von einer geheimnisvollen Energie erfüllt, deren geheime Quelle nur Sie alleine kennen.

Kraft und Energie

84–85 Vulkanisches Gestein, die Schönheit rauer Landschaften, Pferdeherden, die über die unberührte Heide galoppieren – in Island wird die unzerstörbare Kraft überall spürbar.

Kraft und Energie

86–87 Naïpe ist ein Lusitano, in dem sich Kraft und Sanftmut auf fantastische Weise vereinen. Die Arbeit mit ihm ist herrlich, sorgfältig werden die wichtigen Dressurpreise vorbereitet, aber auch beim freien Lauf im andalusischen Unterholz ist er wunderschön. Nur seine Klugheit ist seiner Kraft ebenbürtig.

Kraft und Energie

89 Schon immer haben mich die Friesen fasziniert. Sie scheinen direkt der Barockzeit zu entstammen und sind zudem äußerst fotogene Pferde. Meine schönsten Modelle finde ich natürlich in den Niederlanden, aber auch in Deutschland und den Vereinigten Staaten.

90–91, 92 und 93 Scheint sich hier nicht der leibhaftige Teufel zu schütteln mit diesem schwarzen glänzenden Fell, der in alle Richtungen fliegenden Mähne, als reiche die in diesem großen Körper geballte Energie bis in die letzte Haarspitze? Wenn man dieses Pferd so sieht, möchte man kaum glauben, dass es im Stall eines der sanftmütigsten und friedlichsten ist.

94 und 95 Templado bei seiner Nummer. Dieser Spanische Hengst gehört zu den schönsten Wesen, die ich kenne, zudem ist er eine ungewöhnliche, äußerst anziehende Persönlichkeit. Es verwundert nicht, dass dieses Reitkunstpferd von Frédéric Pignon von den Vereinigten Staaten über Frankreich bis Deutschland ein internationaler Star geworden ist.

Kraft und Energie

96, 97 und 98–99 Endlich können sich die Trunkenheit der Freiheit, Bewegung und Energie Bahn brechen. Das Pferd ist für ständige Bewegung gemacht. Im modernen Leben wird es häufig zu einem überfütterten und trägen Geschöpf, das sich mit dem beschränkten Platz in seiner Box zufrieden geben muss. Wenn ich Pferde fotografiere, verlange ich von den Besitzern immer, dass sie ihre Pferde auf einer weiträumigen Fläche frei laufen lassen. Dann kann ich Aufnahmen machen, auf denen die Pferde vor Freude zerspringen, während ihre Besitzer in Panik geraten, wenn sie diesen Ausbruch erleben. Insgeheim sage ich mir oft, dass mir zwar möglicherweise kein Jahrhundertfoto gelungen ist, die Pferde aber zumindest einige wertvolle Momente der Freiheit erleben durften.

100–101 Ein Wettrennen zwischen Tinker-Pferden: Wer erreicht als Erster eine imaginäre Ziellinie am Ende des Feldes? Pferde lieben es, Schulter an Schulter zu rennen und zu versuchen, der Schnellere zu sein, wobei sie den Anschein erwecken, zubeißen zu wollen, wenn ein Konkurrent sie zu überholen wagt.

102–103 Ein Muskelpaket von 600 Kilogramm springt wie eine kleine Ziege. Darin liegt das Paradoxon des Pferdes: Trotz seiner Körperfülle spielt es mit den Gesetzen der Schwerkraft.

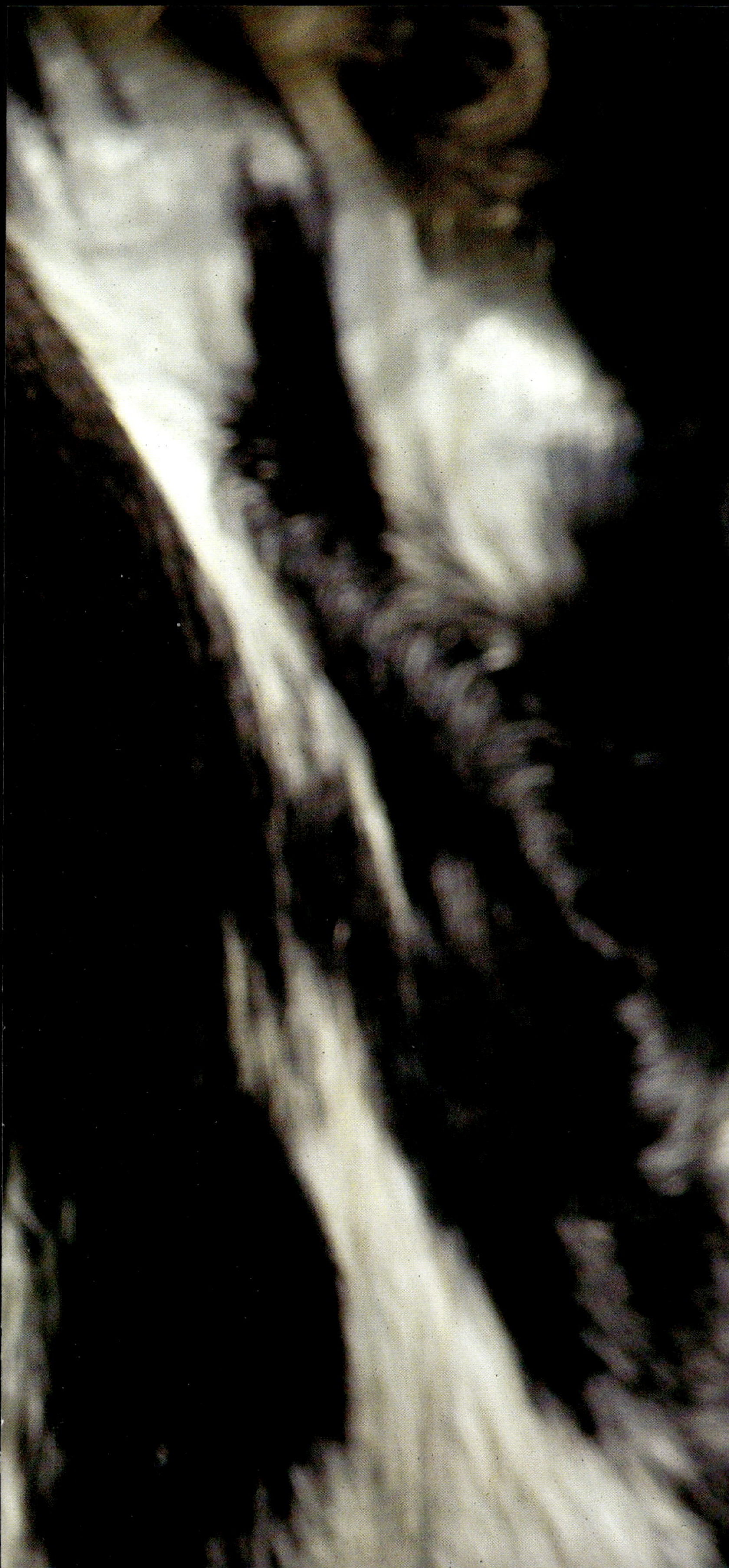

Kraft und Energie

104–105 Hier wurden die Kraft und ein tiefer Blick dieses Criollo-Hengstes in der argentinischen Pampa eingefangen. Er ist für eine Herde Stuten und Fohlen verantwortlich und will mir zeigen, wer hier der Chef ist. Ich darf bei seiner großen Familie nur tun, was er mir erlaubt.

Kraft und Energie

106–107 Kräftiger Hals, lange Mähne und ein kraftvoller Kopf: Der Friese hat viel von seinen spanischen Vorfahren geerbt, von denen die Nachkommen der Friesen-Stuten mit ursprünglich ebenholzfarbenem Fell veredelt wurden. Dieses ehemalige Kriegs- und Bauernhofpferd, das heute bei Reitvorführungen anzutreffen ist, hat seine Kraft und Schönheit schon immer in den Dienst des Menschen gestellt.

Kraft und Energie

108–109 und 110–111 Beim wilden Heranstürmen einer argentinischen Criollo-Herde aus der Weite der Pampa spürt man zuerst das Beben des Bodens unter den Füßen, bevor man eine Staubwolke wahrnimmt. Wenige Sekunden später wird das Hämmern der Hufe fast beängstigend, und plötzlich taucht die Herde wie eine Mauer vor einem auf. Die Pferde weichen kaum aus in ihrem verrückten Galopp. So steht man mitten in diesem mitreißenden Strom, betäubt von der Geschwindigkeit und dem Lärm. Dann verschwindet die Herde wieder, eine Staubwolke hinter sich lassend. Die Vibrationen des Bodens beruhigen sich allmählich. War alles nur eine Erscheinung?

Kraft und Energie

112–113 Für Pferde, die an Wasser gewöhnt sind, ist es eine Quelle echter Freude. Das gilt für einen wilden Galopp am Meeresufer genau so wie für ein Bad im Fluss. Bei großer Hitze kommt es oft vor, dass Pferde aus eigenem Antrieb ins Wasser gehen. Dort bleiben sie bis zum Bauch im kühlen Nass stehen, um sich zu erfrischen oder bespritzen sich durch kräftiges Hufschlagen.

114 Der Friesen-Hengst Pandur bei Sonnenuntergang an einem Nordseestrand. In diesem Moment fliegt eine Möwe vor das Objektiv, als wolle sie sich auch verewigen lassen. Ich werde diese Fotositzung nie vergessen: Das Pferd posierte mit solcher Freude, dass wir lange zusammen gespielt haben. Es war einfach wunderbar.

Kraft und Energie

116–117 In diesen kleinen Isländern ballt sich eine erstaunliche Energie. Das Stockmaß dieser Pferde beträgt kaum 1,30 Meter, und doch können sie einen erwachsenen Menschen ohne Schwierigkeiten hundert Kilometer weit tragen. Isländer sind Nachkommen der Wikingerpferde, würdige Erben einer außergewöhnlich reinen und widerstandsfähigen Rasse.

118–119 Diese Araber-Stuten galoppieren voller Freude an einem Nordseestrand und genießen gemeinsam ein Bad bis zum Bauch.

120–121 Galopp im Schnee des winterlichen Wyoming. Die Luft ist eisig (ungefähr –10 °C), der Schnee reicht den Pferden bis zum Knie, aber sie scheinen sich wohl zu fühlen.

Kraft und Energie

122–123 Eine Herde aus dem deutschen Gestüt Marbach darf im Neuschnee frei herumtollen. Die Luft ist belebend, die Pferde waren eine Zeit lang eingesperrt. Sie lassen sich daher nicht lange bitten, ausgelassen zu galoppieren, bis sie schweißgebadet und außer Atem sind und ihr Tempo schließlich wieder drosseln, um sich einfangen und in den Stall zurückbringen zu lassen, glücklich und entspannt.

Kraft und Energie

124–125 Haflinger sind es gewöhnt, den Pulverschnee auf den Hängen der Alpen zu durchpflügen. Das Araberblut in den Adern dieser österreichischen Kleinpferde verleiht ihnen erstaunlichen Frohsinn und Lebhaftigkeit.

Kraft und Energie

124–125 Haflinger sind es gewöhnt, den Pulverschnee auf den Hängen der Alpen zu durchpflügen. Das Araberblut in den Adern dieser österreichischen Kleinpferde verleiht ihnen erstaunlichen Frohsinn und Lebhaftigkeit.

127 Eine Mauer hinter meinen Stallungen habe ich in andalusischem Orange streichen lassen. So sehe ich im endlosen deutschen Winter immer ein wenig spanische Sonne. Dies ist vor allem der ideale Platz, um aktive Pferde ins rechte Licht zu setzen wie diesen Friesen, dessen schwierig zu fotografierendes Fell sich perfekt abhebt.

128–129 Lebhaftigkeit und Bewegungsfreude der Vollblut-Araber sind im Pferdereich ohnegleichen. Dieser vollführt wahre Luftsprünge vor meinen Augen, bremst kontrolliert ab und dreht sich um die eigene Achse.

130 und 131 Ein Tanz, ein Kampf… oder einfach nur ein Spiel? Dieses junge Pferd empfindet ein vitales Bedürfnis zu schnauben, seiner überschäumenden Energie und seiner choreographischen Einfallsgabe für sein höchst ästhetisches Herumtollen freien Lauf zu lassen. Je nachdem, unter welcher Voraussetzung man diesen jungen Hengst betrachtet, wird man durch sein Ungestüm geängstigt sein (als Anfänger), geschmeichelt von so viel Schönheit (als Besitzer) oder einfach nur erfreut und gerührt.

Kraft und Energie

132–133 Reitbahn oder Ring, Wettrennen oder Boxkampf… Nein, dieses Pferd hat es auf nichts und niemanden abgesehen. Es spielt mit dem Raum, mit seinem athletischen, geschmeidigen und kräftigen Körper, es genießt die einfache, aber wichtige Bewegungsfreude. Möglicherweise möchte es auch die zahlreichen Zuschauer auf den Rängen der Reitbahn ein wenig verblüffen. Das Pferd liebt es, sich zu produzieren, zu zeigen, was es kann. Es ist zugleich Athlet und Schauspieler.

Neugier und Spielfreude

Kraft und Energie

134–135 Manchmal lasse ich die Pferde einige Stunden in der Box, um sicher zu sein, dass sie – endlich in Freiheit – diese Augenblicke voll überschäumender Energie nutzen werden. Der Ausbruch dauert nur etwa fünf Minuten. Anschließend ist das Pferd noch immer lebhaft, aber es platzt nicht mehr förmlich vor Energie. Die fotogensten Augenblicke sind daher vorüber.

Kraft und Energie

132–133 Reitbahn oder Ring, Wettrennen oder Boxkampf… Nein, dieses Pferd hat es auf nichts und niemanden abgesehen. Es spielt mit dem Raum, mit seinem athletischen, geschmeidigen und kräftigen Körper, es genießt die einfache, aber wichtige Bewegungsfreude. Möglicherweise möchte es auch die zahlreichen Zuschauer auf den Rängen der Reitbahn ein wenig verblüffen. Das Pferd liebt es, sich zu produzieren, zu zeigen, was es kann. Es ist zugleich Athlet und Schauspieler.

Kraft und Energie

136–137 Hier zeigt sich der gesamte Adel des barocken Pferdes, rund, kräftig und geschmeidig. Nur die Iberischen Pferde weisen diese spezielle Schönheit auf, deren Hauptmerkmal der gebogene Hals mit der üppigen Mähne ist.

138–139 Bei Vollblut-Arabern stehen die Eleganz und bebende Energie im Vordergrund. Die Beduinen bezeichnen diese Pferde als „Windtrinker", um ihren leichtfüßigen Bewegungen und ihrer Ausdauer zu huldigen, die in der Pferdewelt einzigartig sind.

Neugier und Spielfreude

Neugier und Spielfreude

Immer wenn ich eine Herde Pferde besuche, die sich frei auf einer Wiese oder in einem Paddock bewegen kann, schließe ich mehr oder weniger schnell mit dem Spaßmacher der Gruppe Bekanntschaft. Dabei ist er nie das erste Tier, das sich nähert. Auch nimmt es in der Hierarchie keine höhere Stellung ein, an der man ihn erkennen könnte. Auf den ersten Blick geht es in der Menge völlig unter. Irgendwann jedoch macht es sich bemerkbar. Während man selbst gar nicht damit rechnet, berührt einen plötzlich eine Schnauze von hinten an der Schulter, gräbt sich in die Haare oder knabbert an der Jacke. Der Spaßmacher stirbt fast vor Neugier, dreht man sich jedoch zu ihm um, springt er zurück und verbirgt sich rasch wieder hinter den anderen. Er ist kein mutiges Pferd, aber seine Begierde, etwas über Sie und Ihre Gefühle herauszufinden, ist unglaublich groß.

Die anderen Pferde werden Sie aus sicherer Entfernung aus der Gruppe heraus beobachten. Sind sie nach ein paar Minuten zu dem Schluss gekommen, dass Sie ungefährlich sind, weder ihnen

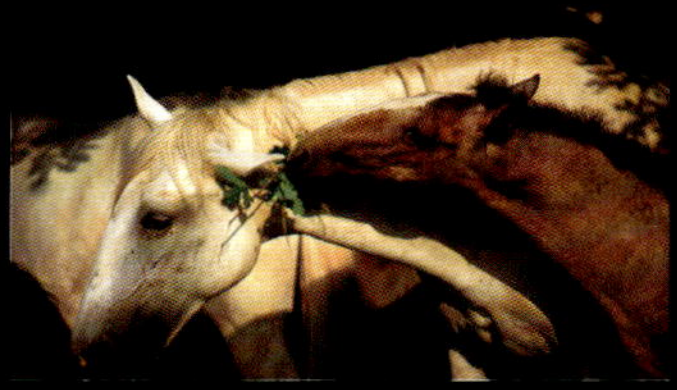

etwas zu Leide tun, noch versuchen werden, sie zu fangen, grasen sie friedlich weiter. Nicht so der Spaßmacher. Er wird zu Ihrem Schatten, folgt Ihnen auf Schritt und Tritt, so dass es ratsam ist, ihn im Auge zu behalten. Bei mir fängt er meist an, meine Arbeitstasche auszuleeren: Kameragehäuse, Objektive, Filme… Rasch wird alles neu geordnet – nach seinen Vorstellungen. Handelt es sich um einen jungen Hengst, so versucht er meist recht bald, mich zu besteigen, um herauszufinden, wer der Stärkere von uns ist. Das ist völlig normal, so macht er es auch mit gleichaltrigen Kameraden! In seinen Augen ist keine Spur von Bosheit, nur Schalkhaftigkeit, große Intelligenz und diese wunderbare kindliche Unschuld.

Schenken Sie diesem Spaßmacher Aufmerksamkeit und freunden sich mit ihm an, kann er ein fantastisches Fotomotiv werden. Er reagiert sofort auf alles, was Sie tun, hat seinen Spaß dabei und überbietet sich gelegentlich selbst… beispielsweise, indem er hinter Ihnen her äuft. Man muss ihn rechtzeitig daran erinnern, dass man kein Pferd ist und selbst als sympathischer und spielerischer Mensch nicht mit allen seinen Vorstellungen einverstanden ist. Wenn Sie ihm nicht rechtzeitig eine Grenze setzen, besteht Grund zur Sorge. Das ist ähnlich, als ließe man ein Kleinkind toben, bis die Situation außer Kontrolle gerät. Das Ergebnis kann gelegentlich gefährlich sein, sprich schmerzhaft, wenn so ein kleiner Satansbraten von 10 bis 20 Kilogramm außer Rand und Band gerät … Nun stellen Sie sich eine ähnliche Situation mit 400 Kilogramm Muskeln und Energie vor! Wie ein neugieriges und verspieltes Kind stellt der Spaßmacher Ihre Autorität auf die Probe und nimmt nichts wirklich ernst. Sie müssen die Grenzen festlegen.

Tritt ein solches Pferd in Ihr Leben, sollten Sie damit rechnen, es regelmäßig außerhalb seines Paddocks vorzufinden, denn es bekommt immer wieder Lust, Nachbars Garten zu erkunden. Halten Sie Ihre Türen geschlossen, wenn Sie dieses Pferd nicht in Ihrer Küche oder Ihrem Wohnzimmer vorfinden möchten, versperren Sie ihm den Zugang zu kleinen Tümpeln oder Seen, um es nicht eines Tages aus dem Wasser ziehen zu müssen. Die beste Möglichkeit, Dummheiten zu verhindern, ist, ihm Aktivitäten anzubieten, die man unter Kontrolle hat. Es ist wie bei einem hochbegabten Kind eine Herausforderung, ständig neue Spiele zu erfinden, ihm etwas Neues beizubringen. Den Spaßmacher langweilen Dinge, die sich ständig wiederholen, und wenn Sie nicht das Richtige finden oder zu viel des Guten tun, ermüdet er und äußert seinerseits: „Es reicht, ich habe keine Lust mehr zu spielen.“ Dann lässt er Sie einfach stehen.

141 Freude über die wiedergefundene Freiheit nach Stunden in der Box.

142 links und Mitte Junge Fohlen beim Spiel.

142 rechts Drei äußerst neugierige junge Araber-Pferde.

143 Zwei junge Raufbolde lernen spielerisch das Kämpfen.

Neugier und Spielfreude

Neugier und Spielfreude

Solche Pferde sind nur glücklich, wenn sie den passenden Partner finden, der ihre Fantasien und ihre Freude teilt, jemanden, der es versteht, ihre Neugier zu wecken. Stellen Sie dieses Pferd zusammen mit einem ruhigen alten Gaul auf die Weide, so können Sie förmlich zusehen, wie es verkümmert. Wird es von einem mürrischen Routinier geritten, verkümmert es ebenfalls, wird jähzornig und brummig. Pferde haben oft mehr Humor und Fantasie als ihre Besitzer.

Das Spielen mit einem Pferd wirkt auf Nichteingeweihte oft unangemessen und vor allem rätselhaft. Dabei reicht es, auf das zu hören, was das Pferd einem ins Ohr flüstert: Holt man es von der Weide oder lässt es frei auf der Reitbahn laufen, kann man hören: „Komm, wir machen ein Wettrennen", bei einem Ausritt, auf dem es eine schöne Allee sieht: „Schau nur, wie schön man hier galoppieren könnte", an Frühlingstagen bettelt es: „Heute bin ich in Höchstform, darf ich herumtollen?" oder auch schmeichelnd und verschwörerisch: „Was versteckst du denn da in deiner Tasche?"

Ich hatte einmal ein Pferd, dessen Spiel darin bestand, mich auszuziehen. Es war entzückt, wenn ich im Winter in eine dicke Jacke vermummt ankam, die nicht nur mit kleinen Knöpfen, sondern auch mit einem langen Reißverschluss geschlossen war. Sobald ich es begrüßte, machte es sich vorsichtig über die Knöpfe her, schön einen nach dem anderen. Mit seinen Zähnen durchtrennte es sicher die Fäden, nacheinander von oben nach unten, mit der Genauigkeit eines Buchhalters. War die Knopfreihe erledigt, gruben sich seine Lippen in meinen Kragen, bis sie den Anfang des Reißverschlusses gefunden hatten. Es kitzelte mich am Hals, dass ich laut lachen musste, wovon es sich nicht aus der Ruhe bringen ließ. Innerhalb weniger Sekunden hatte es seine Arbeit erledigt und öffnete meine Jacke. Dann vergrub es seine Nase darin und wir lachten gemeinsam. Dieses Ritual bescherte mir zahlreiche Näharbeiten, aber ebenso viele Momente reinen Glücks.

Im Sommer mussten neue Spiele gefunden werden, was nicht weiter schwierig war. So liebten wir beispielsweise beide das Spiel „immer abwechselnd". Ich wählte einen Weg, mein Pferd den nächsten. Dabei musste genau darauf geachtet werden, immer die Reihenfolge einzuhalten, alles andere wäre als Verrat empfunden worden. Das Problem war nur, dass mein Gefährte solche Ausritte liebte und jedes Mal, wenn ich versuchte, Richtung Stall zurückzukehren, wieder die Gegenrichtung einschlug, wenn die Reihe an ihm war. Dieses Spielchen konnte bis Einbruch der Nacht dauern und führte häufig dazu, dass unsere Umgebung sich Sorgen machte, denn wir hatten natürlich niemandem von unseren Clownerien erzählt.

Einmal zeigte mir dieses Pferd, dass es sich durchaus auch für menschliche Spiele interessierte. Ich war immer der Meinung gewesen, es sei meine Aufgabe, das Pferd zu beobachten, um eine Kommunikationsmöglichkeit zu finden, dabei bewies es mir häufig, dass es umgekehrt dazu ebenfalls in der Lage war. Es beobachtete mich und passte sich an, um mit mir seinen Spaß zu haben. Eines Tages, als ich damit beschäftigt war, ein Kinderspiel mit den Ponys zu organisieren, war mein

Pferd in unserer Nähe und konnte sich wie gewohnt frei bewegen. Es hatte bald verstanden, dass man sich hinten auf dem Reitplatz an der Startlinie aufstellen und anschließend ans andere Ende laufen musste, um sich die Gerte zu schnappen, die dort hing. Beim dritten Start hatten wir einen neuen Konkurrenten, der sich ohne Reiter auf seinem Rücken selbst zur Teilnahme eingeladen hatte. Natürlich heimste er jedes Mal den Preis ein und die verblüfften Kinder riefen: „Balthasar, du Schlingel!" Es war das erste Mal, dass ich Kinder bei einem Spiel so glücklich verlieren sah. An diesem Tag haben sie wirklich verstanden, was für ein toller Kumpel und Komplize ein Pferd sein kann.

Hin und wieder kann sich der Humor der Pferde auch gegen uns wenden. Sie spielen uns Streiche, was durchaus lästig werden kann. Ich erinnere mich an eine Stute, die sich einen Spaß daraus machte, Leuten Angst einzujagen, die ihr nicht sympathisch waren. Das Problem dabei war, dass die Dame mit ihrer Gunst extrem wählerisch war... So kam es, dass durchschnittlich jeder Zweite ihre Einfälle über sich ergehen lassen musste. Ihr Lieblingsspiel bestand darin, die erwählte Person daran zu hindern, sich ihrem eigenen Pferd zu nähern und dies von der Koppel zu holen. Sie stellte sich zwischen diesen Menschen und sein Reittier, als wollte sie sagen „Also gut, wenn du es wirklich holen willst, dann los jetzt!" Dabei nahm sie eine drohende Haltung an mit angelegten Ohren und bewegte sich immer in dieselbe Richtung wie ihr „Opfer", das nach einem Ausweg suchte. Das ging so weit, dass einige Besitzer heimlich und beschämt darauf verzichteten, an diesem Tag auszureiten. Ich kam ihr auf die Schliche, als eines Tages ein armer Reiter, außer Atem, zerzaust und am Rande der Verzweiflung, ohne Pferd in den Stall zurückkam. Er bat mich stotternd, ich möge sein Pferd von der Weide holen. Angesichts seines Zustands stellte ich ihm keine Fragen. Er zeigte mir von weitem sein Pferd und blieb eingeschüchtert hinter der Absperrung stehen. Ich nahm die Longe, ging auf das Tier zu und drückte dem Satansbraten, der keinen Mucks tat, wie üblich im Vorbeigehen einen Kuss auf die Schnauze. Als ich dem Mann sein Pferd übergab, schaute er mich erstaunt an und sagte: „Sie hat Sie tatsächlich vorbeigelassen?" Ich verstand sofort, von wem er sprach, und musste innerlich lachen. Dieses Lachen galt der Stute: In diesem Fall war ich mit ihr einig, dieser Bursche war alles andere als sympathisch!

Am anrührendsten ist es sicher, Pferde miteinander spielen zu sehen. Je jünger sie sind, desto mehr Zeit verbringen sie damit, und ihre Energie ist unerschöpflich. Bei Fohlen äußert sie sich in ständigen Possen. Sie besteigen einander, verfolgen sich in zügellosem Galopp, werfen ihre langen Beine in alle Richtungen als nähmen sie an einem Gymnastikwettbewerb oder am Tanzsport teil. Wenn sie größer werden, werden die Spiele kämpferischer, vor allem bei den Hengsten. Ihr geheimes Einverständnis bleibt aber immer erhalten, und selbst wenn ihre körperlichen Auseinandersetzungen fast bedrohlich wirken, sind sie immer perfekt kontrolliert. Das wichtigste Spiel unter ausgewachsenen Tieren ist ein wunderbares

144 Dieses Fohlen benutzt den Schwanz seiner Mutter als Fliegenwedel.

146–147 Wie herrlich ist es doch, sich im Sand zu wälzen. Pferde empfinden diese Rückenmassage mit gleichzeitiger Trockenreinigung im Sand als Glücksmoment.

149 Dieses Pony zieht eine seltsame Grimasse. Damit will es uns nicht zum Lachen bringen, sondern bestimmte Gerüche analysieren.

150–151 Dieser Hengst, ein Isländer, schüttelt den Kopf, um einer seiner Stuten zu zeigen, dass sie sich in Bewegung setzen soll. Er stellt sich hinter sie und schüttelt sich, bis sie dort hingeht, wo er möchte.

---

gemeinsames Galoppieren. Eines der Pferde schnaubt mit den Nüstern, beginnt ungeduldig mit den Vorderhufen zu scharren, und sobald die anderen Pferde darauf eingehen, gibt es den Startbefehl. Die Herde setzt sich plötzlich in Bewegung wie ein Vogelschwarm, als würde sie von einem lauten Trommelwirbel begleitet. Das Beben des Bodens und das Geräusch der Hufe bei diesem wilden Galopp lässt zivilisierten Stadtbewohnern das Blut in den Adern gefrieren und bringt das der wilden Reiter in Wallung, die sich als Abkömmlinge Dschingis Khans fühlen.

Wirklich alt ist ein Pferd von dem Tag an, an dem es aufhört, sich für alles zu interessieren, seine Schnauze überall hineinstecken zu wollen und jede Gelegenheit zum Spielen zu nutzen. Glücklicherweise tritt dies normalerweise recht spät ein und bei einigen – die an Altersschwäche sterben, während sie sich noch für Fohlen halten – nie. Das Schlimmste ist, wenn ein Pferd selbst in seinem besten Alter nicht spielt und sich nicht beschäftigt. Das ist unsinnig, eine Anomalie, eine Beleidigung der Pferderasse. Und doch führen zahlreiche Pferde so ein trauriges Leben. Es sind die Tiere, von denen man glaubt, sie würden am meisten verwöhnt und geliebt. Man findet diese unglücklichen Wesen in den schönen Ställen, in denen dafür gesorgt wird, dass alle Boxen sauber voneinander getrennt sind, in denen nur Sand in die Paddocks kommt und niemand auf die Idee käme, ein dort untergebrachtes Pferd auf die Wiese zu lassen, schon gar nicht zusammen mit seinen Artgenossen.

Neugier und Spielfreude

Diese Tiere, die als zu schön oder zu leistungsfähig gelten, um das echte Leben eines Pferdes führen zu dürfen, langweilen sich entsetzlich, manche werden dadurch sogar krank. Spiel und Abenteuer sind aus ihrem Leben verschwunden. Es ist ein Drama für diese im Grunde ihres Herzens ewigen Lausebengel. Die Erfindungsreichsten finden auch noch in ihren vier Wänden etwas, womit sie sich unterhalten können: Einige schnappen sich ihren Eimer und balancieren ihn wie einen Ball in der Luft. Anderen gelingt es, mit ihrer Schnauze das noch so gut gesicherte Schnappschloss der Tür zu öffnen. Die Industrie hat sogar besondere Spielsachen für diese zivilisierten Pferde entwickelt, damit sie sich in den 22 von 24 Stunden beschäftigen können, die sie eingesperrt verbringen müssen: eine Art Ball mit Griff, Kugeln, die von alleine rollen, Rasseln für den Pferdestall … Ihr armen Pferde, auf welche Abwege hat man euch geführt! Nachdem ihr friedliebenden Tiere einige Jahrhunderte auf den Schlachtfeldern in Schlamm und Blut zubringen musstet, seid ihr noch immer an unserer Seite, nun in eine sterile Welt verfrachtet, weggesperrt und den Gesetzen des Konsums unterworfen.

Hindert man ein Pferd daran, etwas zu entdecken, seinen Spaß zu haben, unaufhörlich zu lernen, so leugnet man nicht nur seine grundlegende Natur, sondern vergisst auch die Grundlagen unserer fünf Millionen Jahre langen gemeinsamen Geschichte. Der Mensch konnte das Pferd hauptsächlich auf Grund seiner Naschhaftigkeit und Neugier domestizieren. Historiker und Ethnologen sind sich inzwischen fast sicher: Das Pferd wollte sich im Gegensatz zu anderen Einhufern, wie dem Zebra, domestizieren lassen. Genau so wie wir es uns gewünscht haben. Warum? Weil wir seine Neugier geweckt, es angezogen haben, und weil wir zudem in der Lage waren, ihm zwei grundlegende Dinge zu bieten: Nahrung und Schutz vor seinen Feinden. So wäre diese edelste Eroberung demnach aus Neugier und Opportunismus möglich, ja vielleicht sogar herbeigeführt geworden. Man kann zu Recht fragen, wer denn da wen erobert hat … Gerät dieser ursprüngliche Vertrag in Vergessenheit, hält man diese Bindung des Tieres an den Menschen für eine endgültige Sache, erliegt man einem gewaltigen Irrtum. Wir müssen uns das Interesse unserer Pferde immer wieder verdienen, immer wieder das erfüllen, weswegen sie uns erwählt haben. Auch diese Liebesgeschichte kann nur schön bleiben, wenn wir unsere Verführungskünste immer wieder einsetzen. Das ist nicht einfach, aber das Ergebnis ist jede Mühe wert. Geht man mit dieser Einstellung auf das Pferd zu, kann es bis ans Ende der Welt gehen, mit uns, vor allem aber auch für uns.

152 und 153 Die wehenden Mähnen der Hengste wirken wie Standarten zum Hinweis auf ihre Schönheit und Männlichkeit. Ob im Wind Islands (links) oder Spaniens (rechts), die Mähnen wogen stolz unter den Nüstern der Stuten.

154 Dieser Haflinger ist neugierig und zugleich etwas misstrauisch, als ich ihn fotografiere.

155 Flehmen heißt eine besondere Art des Witterns, bei der die Nüstern geschlossen und die Lippen geschürzt werden. Die eingefangenen Gerüche können dadurch genauer analysiert werden, insbesondere die Pheromone, die den hormonellen Zustand anzeigen.

156–157 Alle vier Hufe gen Himmel: Diese Haltung mag für Pferde unpassend wirken, es trägt aber zu ihrem Wohlbefinden bei, wenn sie sich mehrmals täglich wälzen.

158 Als Hengst, wie dieser Isländer, muss man sich aufs Paradieren vor den Stuten verstehen, um nicht zu riskieren, dass sie einem anderen folgen.

159 Selbst die männlichen Fohlen üben bereits das Flehmen mit geschürzten Lippen, um die Gerüche ihrer Umgebung zu entschlüsseln. Pferde wissen von Geburt an, dass sie ihr Überleben und ihre Fortpflanzung zu einem guten Teil ihrem Geruchssinn verdanken.

160 Es gibt doch nichts Langweiligeres als eine Box, wenn man für ein Leben in der Herde auf großräumigen Flächen geschaffen ist. Bleibt nur, die Nase durchs Fenster zu stecken, um zu sehen, was draußen los ist.

161 Diese beiden jungen Pferde sind vorübergehend in einer Box mit zugehängten Fenstern untergebracht. Ihr Bedürfnis, nach draußen zu schauen, ist aber stärker als jeder Knoten.

162 Selbst wenn ein Araber nur neugierig seine Nüstern vorstreckt, zeigt sich seine große Anmut. Er weiß sich hinter der Tür seiner Box in Sicherheit und nutzt alle Sinne, um auch ja keine Kleinigkeit zu verpassen: Ohren gespitzt, Nüstern weit geöffnet und die Augen auf Unbekanntes gerichtet.

163 Ein Pferd erkundet die Welt vor allem mit seinen Nüstern. Gerüche liefern ihm wichtige Informationen, um ein Individuum oder einen Gegenstand zu erkennen. Seine Nüstern übernehmen aber auch die Funktion einer Hand: Das Pferd kann damit Dinge berühren, betasten und bewegen.

164 und 165 Neugier, genaue Beobachtungsgabe und das Gedächtnis sind bei Pferden sehr eindrucksvoll ausgeprägt. Sie möchten über alles Bescheid wissen, um sich sicher zu fühlen, aber auch, um sich zu beschäftigen. Sie kennen den Platz aller Dinge, die Identität der Menschen in ihrer Umgebung, ihre Autos, ihre Zeitpläne und Rituale. Die geringste Änderung in der täglichen Stallroutine beunruhigt sie.

Neugier und Spielfreude

166–167 Ansata Nil Pacha, einer der schönsten Araber-Hengste Frankreichs, genießt einen kurzen Spaziergang in den Ockersteinbrüchen des Roussillon. Sein silbriges Fell, seine glänzend weiße, seidenweiche Mähne schimmern in der Sonne Südfrankreichs.

Neugier und Spielfreude

168 Hinter Zweigen verborgen scheint dieses Pferd sich zu fragen, was denn da los ist. Es weidet weiter, beobachtet aber genau jede meiner Bewegungen.

168–169 Neuentdeckungen und Freuden gehen auch durchs Maul. Kennt ein Pferd ein Futter nicht, meidet es dieses oder frisst vorsichtig nur kleinste Mengen, um keine Vergiftung zu riskieren. Hat es aber erst einmal den Geschmack von Äpfeln oder Birnen schätzen gelernt, lässt es keine Gelegenheit mehr aus, sich daran gütlich zu tun.

Neugier und Spielfreude

170–171 Diese beiden herrlichen irischen Tinker-Pferde verstehen sich gut. Auch Pferde gähnen wie wir, wenn sie sich vertrauensvoll entspannen wie hier mit dem besten Freund.

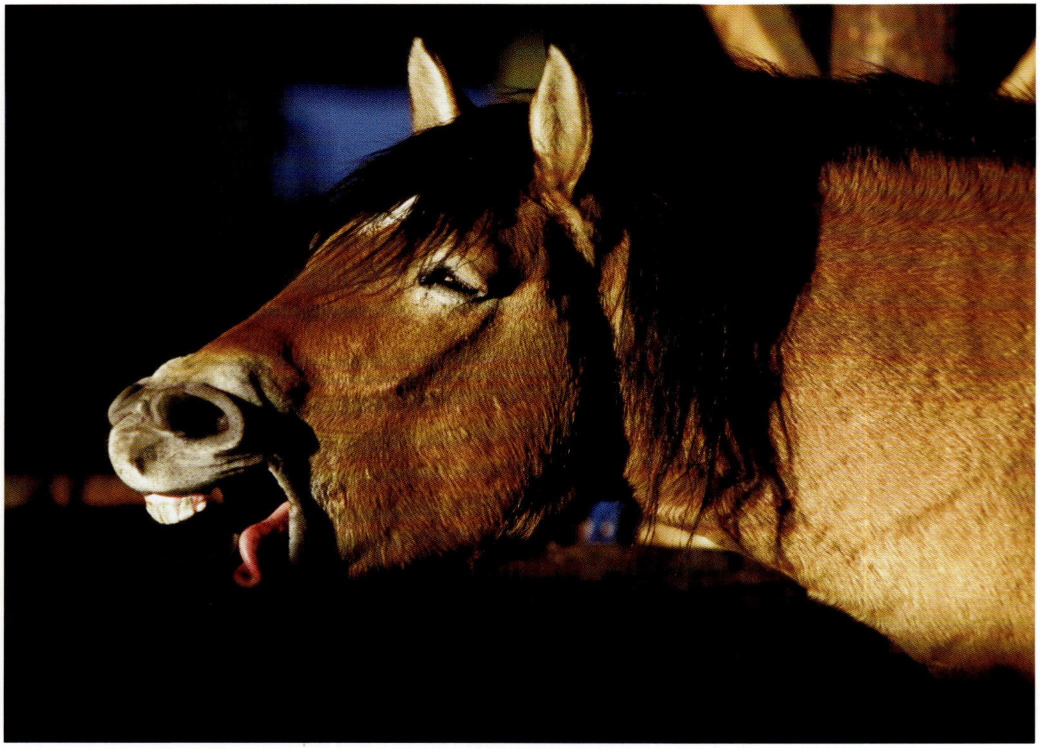

172 Nein, dieses Pferd lacht nicht, es wiehert auch nicht … es gähnt!

173 Dieses Pferd ist nicht ungezogen… es hat nur etwas Unbekanntes gekostet und möchte den Geschmack auf der Zunge loswerden. Pferde sind gegenüber unbekanntem Futter sehr vorsichtig. Sie fürchten eine Vergiftung durch die vielen für sie schädlichen Pflanzen, die in ihrer Umgebung wachsen.

Neugier und Spielfreude

174–175 Dieses Friesen-Fohlen entdeckt seine neuen Zähne, während es gähnt, und wird bald tief schlafen.

176 und 177 Bereits einen Tag nach seiner Geburt galoppiert dieses Quarter-Horse-Fohlen schon wie ein Großer und entdeckt überrascht den Geschmack von Löwenzahn. Erst in einigen Wochen wird es anfangen zu weiden, momentan begnügt es sich noch mit der milden und süßen Milch seiner Mutter.

Neugier und Spielfreude

178 und 178–179 Bereits in seinen ersten Lebenstagen kostet dieses Shetland-Fohlen die Freuden der Pferdewelt: das Vergnügen eines freien und wilden Galopps und die angenehmen Empfindungen beim Wälzen im zarten Gras. Dieses Pony wird mit Sicherheit ein Genießer!

A n g s t   u n d   G

A n g s t u n d G e w a

Das Einzige, was man hört, ist dieses unglaubliche Geräusch zweier Körper, die heftig aufeinander prallen. Ein erbitterter und mitleidloser Kampf ohne einen einzigen Schrei, wie ein Stummfilm, bei dem nur die Stöße, das Aufeinandertreffen mit Ton unterlegt sind. Es ist der Kampf zweier Hengste auf Leben und Tod. Der ältere schwarz-weiße Hengst ist erfahrener. Seine Angriffe auf den jüngeren sind ohne Mitleid, unter Einsatz von Hufen und Zähnen. Er stürzt sich auf den Gegner wie ein versierter Boxer im Ring, der sich daran macht, einen Neuling k.o. zu schlagen.

Der Ring ist jedoch eine Koppel mitten in der Pampa Argentiniens. Hier kennt der Kampf keine Regeln, keine Grenzen, und der Ausgang kann tödlich sein. Die Gegner springen sich gegenseitig an die Gurgel, werfen sich mit ihrem gesamten Gewicht aufeinander, um sich zum Wanken zu bringen, springen in die Luft und wirbeln beim Aufkommen Staubwolken auf.

Wie angewurzelt betrachte ich dieses faszinierende Duell und habe den Eindruck, seit Beginn des Kampfes sei eine Ewigkeit vergangen. Ein Teil in mir kann sich von diesem wilden, kraftvollen und grausamen Schauspiel nicht lösen. Der andere zittert bei dem Gedanken, eines der Pferde könnte getötet werden, und alles in mir schreit, es möge ein Ende haben. Aber ich bleibe, ohne ein Wort, ohne eine Geste. Unbeweglich wie die Mitglieder der Herde, deren Fohlen sich erschrocken hinter ihren Müttern verstecken.

Alle erwarten den Ausgang des Kampfes. Sie wollen wissen, wer der Sieger sein wird und folglich der Anführer. Dieser wird die Stuten decken und seine Gene an die Fohlen der nächsten Saison weitergeben. Er wird sie gegen Angriffe von außen verteidigen und in den kommenden Jahren die Herde zusammenhalten. Die Kämpfer legen eine Pause ein, ringen einige Sekunden nach Atem. Struppig, vom wiederholten Aufprall benommen, außer Atem. Blut fließt, es bahnt sich einen Weg zwischen den Haaren des schweißgetränkten Fells. Die vorquellenden Augen rollen nervös, die Schwänze peitschen die Luft. Spannung und Feindseligkeit zwischen beiden sind greifbar.

Wie kam es so weit? Seit mehreren Tagen wartete der junge blauäugige Criollo auf seine Stunde. Er folgte der Herde, träumte von dem Moment, wo er sie dem alten Patriarchen abnehmen, ihre Führung übernehmen würde. Er wartete den geeigneten Augenblick ab, um ihn zu provozieren, ihn tatsächlich anzugreifen, um ihn besser vom Thron stoßen zu können. Und dieser Augenblick ist heute. Der Frühling schreitet voran, bald werden die Stuten wieder rossig ... Der junge Hengst kann nicht länger warten: Sein Instinkt, seine Hormone, alle seine Gene treiben ihn zu diesem Versuch. Dabei riskiert er sein Leben.

Die argentinischen Gauchos beobachten die Szene phlegmatisch, als ginge sie das alles nichts an. Ihre Augen verraten jedoch die Spannung, die innere Erregung, die sie bei diesem männlichen Kampf empfinden. Eingreifen werden sie nicht, auch dann nicht, wenn der Kampf eine dramatische Wende nimmt. In ihren Augen hat dieses blutige Duell die Qualität einer natürlichen Auslese. Es hat die Aufgabe, das schwächere Pferd auszuschalten und dem stärkeren Platz zu machen. Sie wünschen sich den besseren Hengst, den stärkeren, damit die Rasse der Criollos ihre Qualitäten behält. Daher warten sie und lassen es geschehen. In ihrem Innersten sind diese Pferdemenschen davon überzeugt, dass die Tiere ihren Instinkt behalten sollen, bis zu einem gewissen Grad wild bleiben müssen, um ihr genetisches Erbe zu bewahren, das es ihnen ermöglicht hat, bis zum heutigen Tag zu überleben. Diese Naturburschen haben keine gute Meinung von unseren Pferden, die in Reitställen betreut werden und die sie für degeneriert halten. Ich muss zugeben, dass sie damit möglicherweise Recht haben.

Der Kampf hat eine halbe Stunde gedauert, bis die Gegner erschöpft waren. Der junge besiegte Hengst zieht enttäuscht von dannen, körperlich und in seinem Stolz verletzt, wird er alleine bleiben. Die Träume des Hengstes sind zumindest für dieses Jahr ausgeträumt. Er muss sich noch abhärten, sich widerstandsfähiger und kämpferischer zeigen, wenn er im nächsten Jahr wieder sein Glück versuchen möchte.

---

181 Kampf zweier Isländer-Hengste bei Gewitterstimmung.

182 links und rechts Kampf zweier Hengste um eine Stutenherde. Bei diesem blutigen und gelegentlich tödlich verlaufenden Kampf gibt es kein Mitleid.

182 Mitte Der Sieger dieses Kampfes kann die Führung der Herde übernehmen.

184 Auf einer Wiese bei Ecija kämpfen zwei etwa dreijährige Spanische Hengste spielerisch, ohne Ernsthaftigkeit und echten Einsatz.

Angst und Gewalt

Angst und Gewalt

Beinahe beschämt, verwirrt und aufgeregt muss ich mir eingestehen, dass ich keine Sekunde des Kampfes versäumt habe. Was soll ich von den Empfindungen halten, die ich während dieser Szene erlebt habe? Woher kommt diese Ambivalenz zwischen Faszination, Erregung und Angst? Ich weiß nur eines: Ich werde nie wieder einen Hengst besteigen, ohne mich an diese Demonstration der Gewalt zu erinnern, ohne mir zu sagen, dass mein Gefühl der Kontrolle über ihn eine Illusion ist, die seiner inneren Kraft nicht lange standhalten könnte, dieser latenten Wildheit, die jederzeit hervorbrechen kann.

Ist es diese Gewalt, diese wilde Kraft, die uns so fasziniert? Haben wir seit prähistorischen Zeiten versucht, wilde Pferde zu fangen, um diese diabolische, titanische Energie zu zähmen? Das könnte man annehmen, ja. Es ist offenkundig, welche Faszination das Pferd auf die ersten Menschen ausgeübt hat. Dieses Tier wurde in Skulpturen und auf Felsmalereien viel häufiger dargestellt als andere Tiere. Es überrundet bei weitem das Mammut oder den Bison, deren körperliche Kraft doch weit größer ist.

Die Beziehung zwischen Mensch und Pferd wurde von Anfang an von der Gewalt regiert. So beginnt ihre gemeinsame Geschichte durch eine Treibjagd. Vor 100 000 Jahren versetzten die Menschen die Herden in Angst und trieben sie in eine Sackgasse. Die Tiere, die in die Falle geraten waren, wurden mit Lanzen getötet und anschließend in Stücke gerissen. Die Phase der Domestizierung erfolgte ebenfalls durch Gewalt, denn man geht davon aus, dass sie mit dem Einfangen junger Fohlen oder Stuten, die kurz vor der Niederkunft standen, begann. Männliche Fohlen, die als Heranwachsende zu wild waren, wurden wegen ihres Fleisches getötet. Die weiblichen Fohlen behielt man, um Zuchtstuten aus ihnen zu machen. Während der Rosse band man sie an Bäume, wo sie von wilden Hengsten bestiegen wurden, die kein Mensch zu domestizieren gewagt hätte.

Warum versuchte der Mensch mit solcher Hartnäckigkeit, das Pferd zu zähmen? Warum nahm er so viele Risiken auf sich, kämpfte, um die wilde Kraft und den unberechenbaren Charakter zu beherrschen? Zu dem Zeitpunkt, als das Pferd in die große Familie der Haustiere aufgenommen wurde, etwa um 3500 v. Chr., brauchten die Menschen kein weiteres Tier. Sie züchteten bereits Kühe, Schafe oder auch Schweine. Die Rinder zogen den Pflug, und sie und die anderen Tiere lieferten Fleisch. Verglichen mit ihnen war das Pferd auch weit schwerer zu domestizieren und vor allem zu dressieren. Die Menschen waren im Übrigen gar nicht in der Lage, seine ungewöhnlichen Fähigkeiten wirklich sinnvoll einzusetzen. Um die Geschwindigkeit und Ausdauer eines Pferdes nutzen zu können, musste zuerst die Reitkunst erfunden werden, eine eigene Technik mit komplexen Hilfsmitteln: dem Sattel- und Zaumzeug. Inzwischen weiß man, dass tausend Jahre vergangen sind zwischen der Zeit, als der Mensch das Pferd domestizierte und dem Moment, wo er darauf zu reiten begann.

Die Gewalt, von der die ersten Menschen bei ihren Zweikämpfen mit Pferden fasziniert waren, gehört fortan eher in das Reich der Märchen als in die Realität. Zumindest gilt dies für das Leben unserer heutigen, vollständig domestizierten Pferde, die sich keine Sorgen mehr um ihr eigenes Überleben oder genügend Nachkommen zu machen brauchen, denn ihre Aufzucht wurde vom Menschen umfassend systematisiert und organisiert. Man weiß, dass Wildpferde früherer Zeiten, wie die Prezwalski-Pferde, leicht scheuende und aggressive Tiere waren. Araber und andere Vollblutpferde jedoch, die seit frühester Jugend umhegt und umsorgt werden, möchten einfach nur in Frieden leben. Nur echte Zuchthengste können sich noch wirklich gewalttätig zeigen, vor allem, um sich gegenüber Konkurrenten in ihrer Rolle als Deckhengst durchzusetzen.

Der Mensch lässt sich durch ein drohend angelegtes Ohr, einen finsteren Blick oder das Geräusch aufeinander klappender Zähne leicht beeindrucken. Vor allem, wenn diese Drohung von einem Tier ausgeht, das 400 bis 500 Kilogramm wiegt. Zivilisation bedeutet, diese Ausdrucksformen zu mildern. Um unser Recht auf Respekt und Ruhe durchzusetzen, haben wir kurze Äußerungen wie eine Grimasse oder ein Murren inzwischen durch Worte ersetzt. Angesichts der Körpersprache der Pferde, die weder Begriffe noch ausgeklügelte Formulierungen enthält, bekommt der zivilisierte Mensch deshalb Angst. Er fühlt sich persönlich angegriffen, während das Tier nur die Grenzen aufzeigen möchte, die es zu akzeptieren bereit ist.

Je länger ich mit Pferden lebe, desto häufiger beobachte ich, dass Äußerungen, die der Mensch oft als Gewalt oder Aggressivität empfindet, einfach eine Form ihrer Sprache sind. Das kann eine dominierende Stute sein, die ihre Ohren anlegt, um eine andere Stute zu verjagen, die ihr zu nahe kommt, eine Zuchtstute, die ihr Fohlen zwickt, das nicht an seinem Platz war oder ein Zuchthengst, der scheinbar ein Mitglied der Herde angreift. Auf den ersten Blick scheint es innerhalb einer Gruppe nicht viele, aber regelmäßige aggressive Handlungen zu geben. Sofern man sie aber entdramatisiert, den Blick freimacht von unseren eigenen Projektionen, kann sich eine völlig neue Sichtweise einstellen. Diese Körpersprache wird nämlich dafür genutzt, genaue, unumstößliche soziale Verhaltensregeln umzusetzen, die den sozialen Frieden und die Harmonie innerhalb der Herde garantieren. Die Pferde reagieren sofort auf diese optischen Signale – angelegte Ohren, heftiges Schlagen mit dem Schwanz oder Wiegen des Kopfes –, indem sie sich fügen oder sich davonmachen. Es gibt also häufige Drohungen, aber nur sehr selten Hiebe. Und jeder bleibt an seinem Platz, ohne den Zusammenhalt der Gruppe in Frage zu stellen.

Die Pferde beweisen tatsächlich eine beispielhafte Friedfertigkeit. Sorgsam vermeiden sie Konflikte und pflegen eine starke Solidarität. Die Erklärung dafür ist ganz einfach: Die Bedrohung, die Gefahr kommt von außen. Durch das Leben in der Herde und ein gutes Einvernehmen innerhalb der Gruppe kann den echten Gefahren, den Feinden, die sich im Dickicht verstecken und jederzeit überraschend angreifen können, begegnet werden. Der Artgenosse ist weder Konkurrent noch

186–187 Dieses Fohlen hat sich durch meine Anwesenheit erschrecken lassen und flüchtet sich zu seiner Mutter. Es kommt vor, dass sehr junge männliche Fohlen ihrer Mutter gegenüber einen Beschützerinstinkt entwickeln und versuchen, sie zu besteigen. Der Instinkt des zukünftigen Hengstes ist bereits stark ausgeprägt.

189 Rivalität zwischen zwei Brüdern, deren Hormone mit Herannahen des Frühlings und der Rosse der Stuten aktiv werden.

Feind, im Gegenteil, er ist es, der einem das Leben retten kann, beispielsweise, indem er Alarm schlägt. Das mag in einer Welt, in der die meisten Pferde seit Hunderten von Generationen keine Räuber mehr kennen, überholt erscheinen, aber die Angst bleibt tief in ihrem Inneren verwurzelt.

Das Pferd von heute verhält sich noch immer wie eine potenzielle Beute, es empfindet sich der Außenwelt gegenüber als ein verletzliches Wesen. Der Leithengst von einst wird durch das Rascheln eines Strauches, die ungewöhnliche Anwesenheit eines Gegenstands oder das Geräusch einer Maschine in Angst und Schrecken versetzt. Die Angst ist groß, echt empfunden und übermächtig. Das Herz schlägt zum Zerspringen, die Augen quellen hervor und versuchen verzweifelt zu entdecken, von wo die Gefahr droht. Der gesamte Körper bebt und zittert, und der Hengst ist bereit, in wildem Galopp davonzurennen.

Beim Pferd ist Gewalttätigkeit häufig nur angedeutet, manchmal vorgetäuscht. Die Angst jedoch ist tief in ihm verwurzelt, stets bereit, hervorzubrechen und Besitz von ihm zu ergreifen. So sehr seine Drohgebärden das Bild vom gewalttätigen Pferd haben entstehen lassen, so haben seine Ängste dazu beigetragen, es für dumm zu halten. Auch hierbei wird das Grundwesen des Tieres wieder falsch beurteilt.

Angst und Gewalt

Während der 60 Millionen Jahre, in denen sich die Pferde entwickelt haben, waren sie immer Beutetiere. Angesichts ihrer Feinde konnten sie versuchen, sich tapfer mit den Zähnen und vor allem mit den Hufen zu verteidigen. Normalerweise verfügten ihre Angreifer jedoch über fürchterliche Waffen – Krallen und Fangzähne – und oft auch über das strategische Vorgehen einer ganzen Meute, was den Pferden nur wenige Möglichkeiten ließ, zu entkommen. Flucht war das einzige Mittel der Rettung, vorausgesetzt, sie erfolgte so rasch wie möglich.

Bedenken Sie die Millionen Generationen von Vorfahren, die sich von ihren Feinden verschlingen lassen mussten, gegenüber den wenigen Hundert Generationen, die geschützt vor solchen Dramen leben durften. Der Überlebensinstinkt geht zum Glück nicht so rasch unter. Der Mensch, der in den meisten Regionen der Erde seit Tausenden von Jahren nicht mehr gefressen wird, kennt noch immer diese tiefen Ängste, schlimme Albträume, in denen er vom Wolf verfolgt wird oder von Außerirdischen und anderen Menschenfressern, die bereit sind, ihn bei lebendigem Leibe zu verschlingen. Nur wenige Menschen können nachts alleine durch einen Wald gehen, in freier Natur schlafen – obgleich sie dabei absolut nichts riskieren, denn kein Tier wird kommen, um sie zu verschlingen. Sind sie deshalb dumm? Nein, auch bei ihnen drücken sich noch heute die uralten Ängste aus, von denen Menschen seit Urzeiten heimgesucht werden.

Um die tief im Inneren empfundene Angst des Pferdes zu verstehen, muss man sich auch den großen Unterschied zwischen ihm und uns bewusst machen, zwischen Beute und Jäger: Beim Menschen bedeutet Verteidigung, der Gefahr entgegenzutreten und sie abzuschätzen, beim Pferd heißt es, so schnell wie möglich zu fliehen und aus der Entfernung die Lage zu analysieren. Das Pferd kann seine ängstliche Natur nur mäßigen, wenn es sich geschützt und sicher fühlt. Wenn es Ihnen zutraut, Sie könnten einer Gefahr entgegentreten, es aus einer misslichen Lage befreien, Lösungen für Probleme finden, wird es ihm gelingen, einen Großteil seiner Ängste zu überwinden und allmählich ruhiger und sicherer zu werden. Es kann Jahre dauern, bis ein Pferd Ihnen absolut vertraut und Ihnen ohne zu zögern bis ans Ende der Welt folgt. Dann legt es sein Leben in Ihre Hände, und es ist an Ihnen, dieser schweren Verantwortung gerecht zu werden.

Das ist schon eine merkwürdige moralische Abmachung zwischen einem Jäger und seiner ehemaligen Beute, zwischen einem Menschen, der von der Gewalt des Pferdes beeindruckt ist und diesem Pferd, das sich von allem erschrecken lässt, was sich bewegt. Ist nicht die edelste Eroberung auch die erstaunlichste? Hat das Pferd das Herz des Menschen durch seine Gewalt oder seine Verletzlichkeit für immer verführt? Sicher durch beides. Seine Gewalt erinnert uns an das, was wir unterdrücken und in Normen fassen wollen in dem ständig von Rückschritten bedrohten Bemühen um Zivilisation. Die Verletzlichkeit dieses kraftvollen und edlen Tieres verweist uns auf unsere eigenen, tief in uns schlummernden Ängste, auf die Zerbrechlichkeit unseres Lebens, auf unsere Sicherheiten und unsere Abwehrmechanismen, die oft innerhalb des Bruchteils einer Sekunde hinweggefegt werden.

190 und 190–191 Der junge Braune versucht den zweifarbigen Hengst zu entmachten und greift ihn an. Der Kampf kann Stunden dauern und damit enden, dass einer der beiden Kämpfenden aufgibt, obgleich er noch bei Kräften ist oder aber als Folge zu schwerer Verletzungen zu Tode kommt. Die Stuten entfernen sich ein Stück weit und beobachten den Kampf, dessen Ausgang über die Identität des Vaters ihrer zukünftigen Fohlen entscheiden wird. Die Gauchos, denen die Pferde gehören, greifen nicht ein. Sie überlassen alles der natürlichen Auslese, die zeigen wird, wer der beste Hengst ist.

Angst und Gewalt

192–193 Einem Kampf von solcher Härte und Gewalt beizuwohnen versetzt den Zuschauer in einen Zustand der Benommenheit. Machtlos spürt man wie der Boden unter den Hufschlägen bebt, hört das erschreckende Geräusch der aufeinander prallenden Körper und das raue Schnaufen der atemlosen Kämpfer. Verängstigt, fasziniert und sprachlos hält einen noch lange nach dem Kampf dieses merkwürdige Gefühl der rohen und absoluten Wildheit gefangen.

Angst und Gewalt

194–195 und 195 Dem alten zweifarbigen Hengst gelingt es durch seine Erfahrung und Intelligenz, den Eindringling zu vertreiben, ohne dass einer von ihnen schwere Verletzungen davonträgt. Dieses Jahr kann er noch einmal die Stuten decken und für Nachkommen sorgen.

Angst und Gewalt

196–197 Die zeitlebens angestrebte Dominanz eines Hengstes über eine Herde Stuten kann immer wieder von Herausforderern in Frage gestellt werden. Die Stuten könnten während ihrer Rosse von anderen Hengsten verführt werden, die sich in der Nähe der Herde herumtreiben, oder auch erleben, dass ihr Hengst von einem jüngeren oder kräftigeren Rivalen entmachtet wird.

Angst und Gewalt

198 und 199 Auf den Kufsteiner Almen, an der Grenze zwischen Österreich und Deutschland, lebt eine Herde von etwa hundert jungen Hengsten im Alter zwischen zwei und drei Jahren. Sie verbringen sechs Monate des Jahres auf den steilen Hängen in einer Höhe zwischen 2000 und 2500 Metern. Normalerweise ist die Herde, in der es keine Stuten gibt, absolut friedlich. Es finden gelegentlich männliche, aber nie wirklich aggressive Spiele statt. An diesem Morgen haben allerdings zwei Jungtiere beschlossen, ernsthaft ihre Kräfte zu messen.

200 und 201 Der Friesen-Hengst Legolas und sein Sohn Aramis begleichen eine Rechnung. Der Jüngere muss den Älteren respektieren, ist aber immer wieder versucht, seine Kraft auszuprobieren. Dabei geht es nur um die Ehre, denn beide achten darauf, ihre Rollen einzuhalten. Ihre munteren Spiele erinnern mich unweigerlich an die schönen und dramatischen Pferdedarstellungen auf Bildern, die im Prado oder im Louvre hängen.

202 und 203 Zwei junge Spanische Hengste scheinen Arm in Arm zu tanzen. Dieser Walzer ist jedoch ein Spiel zwischen jungen Erwachsenen zum Erlernen des Kämpfens. Dabei geht es um keinen besonderen Einsatz, und das einzige Ziel ist, die physischen und taktischen Fähigkeiten zu erproben. Eines Tages wird es jeder mit einem echten Konkurrenten aufnehmen.

204 und 205 Im Kampf benutzt ein Pferd seine Beine, um den Gegner regelrecht zu boxen, seine Zähne, um ihm tiefe Bisse zuzufügen, und sein gesamtes Körpergewicht, um sich auf den anderen fallen zu lassen und ihn zum Wanken zu bringen.

206 Kampf zwischen Haflingern im italienischen Teil Südtirols, wo die Züchter jedes Jahr ihre jungen Hengste auf die weiten Almen lassen. Am ersten Tag erkämpfen sich die Tiere ihren Rang in der Hierarchie. Anschließend bleibt jedes an seinem Platz, und es wird friedlich in der Herde.

207 Eine schwierige Rolle als Puffer und Friedensstifter zwischen zwei dominanten Hengsten, die sich gegenseitig provozieren. Vorsicht vor den Zähnen, die sehr wohl genau das mittlere Pferd treffen könnten!

208 und 209 Irische Tinker mit fliegenden Mähnen. Man könnte die Tiere fast mit Göttinnen verwechseln, die sich an den Haaren ziehen! Diese äußerst mutige und friedliche Rasse versteht sich durchaus auch darauf, einen schärferen Ton anzuschlagen, wenn einer ihrer Artgenossen zu sehr provoziert.

210–211 Die Ohren werden nach hinten angelegt, entweder als Drohgebärde oder aber, um sie vor Bissen zu schützen. Auch der Augenausdruck ist eindeutig: Der Hass ist fast greifbar.

212 und 213 Wutausbruch zwischen zwei Friesen im glitzernden Schnee eines Wintermorgens. Nach den ersten sehr festen Hieben wird der Atem immer heftiger, dann verlangsamen sich die Bewegungen wieder, und der Ärger verfliegt. Am Ende beschließen die beiden Pferde, deren Fell in der eisigen Luft schweißgebadet ist, es gut sein zu lassen.

Angst und Gewalt

214–215 Wer nicht schnell genug läuft, verliert den Schutz der Herde. Deshalb laufen sie, so schnell ihre Beine sie tragen. Jungpferde wie diese hier fürchten nichts so sehr, wie von der Herde getrennt zu werden. Mit einem Jahr sind sie gerade von der Mutter entwöhnt und kennen noch nicht viel vom Leben. Daher sind sie tatsächlich sehr verwundbar.

Angst und Gewalt

216–217 Für Wildpferde ist der Wald ein feindlicher Ort, der Unvorhersehbares bereithalten kann. Die Pferde haben keinen freien Blick und werden daher leichter zur Beute eines Feindes. Aus diesem Grund durchqueren sie einen Wald immer möglichst schnell.

Angst und Gewalt

218–219 Ein Pferd, das sich in Gefahr befindet, hat nur zwei Überlebenschancen: den Schutz der Herde oder die Flucht. Wir unterschätzen gerne die tief in den Pferden verwurzelte Angst oder verstehen sie nicht. Man kann davon ausgehen, dass Pferde seit ihrer Domestizierung vor über fünftausend Jahren weitgehend vor Räubern geschützt sind. Trotzdem beginnen sie beim geringsten verdächtigen Geräusch zu zittern und die Flucht zu ergreifen. Bevor sie domestiziert wurden, hat sich in immerhin 60 Millionen Entwicklungsjahren in ihnen die Erfahrung eingenistet, dass Flucht das beste Mittel zur Erhaltung der Art ist.

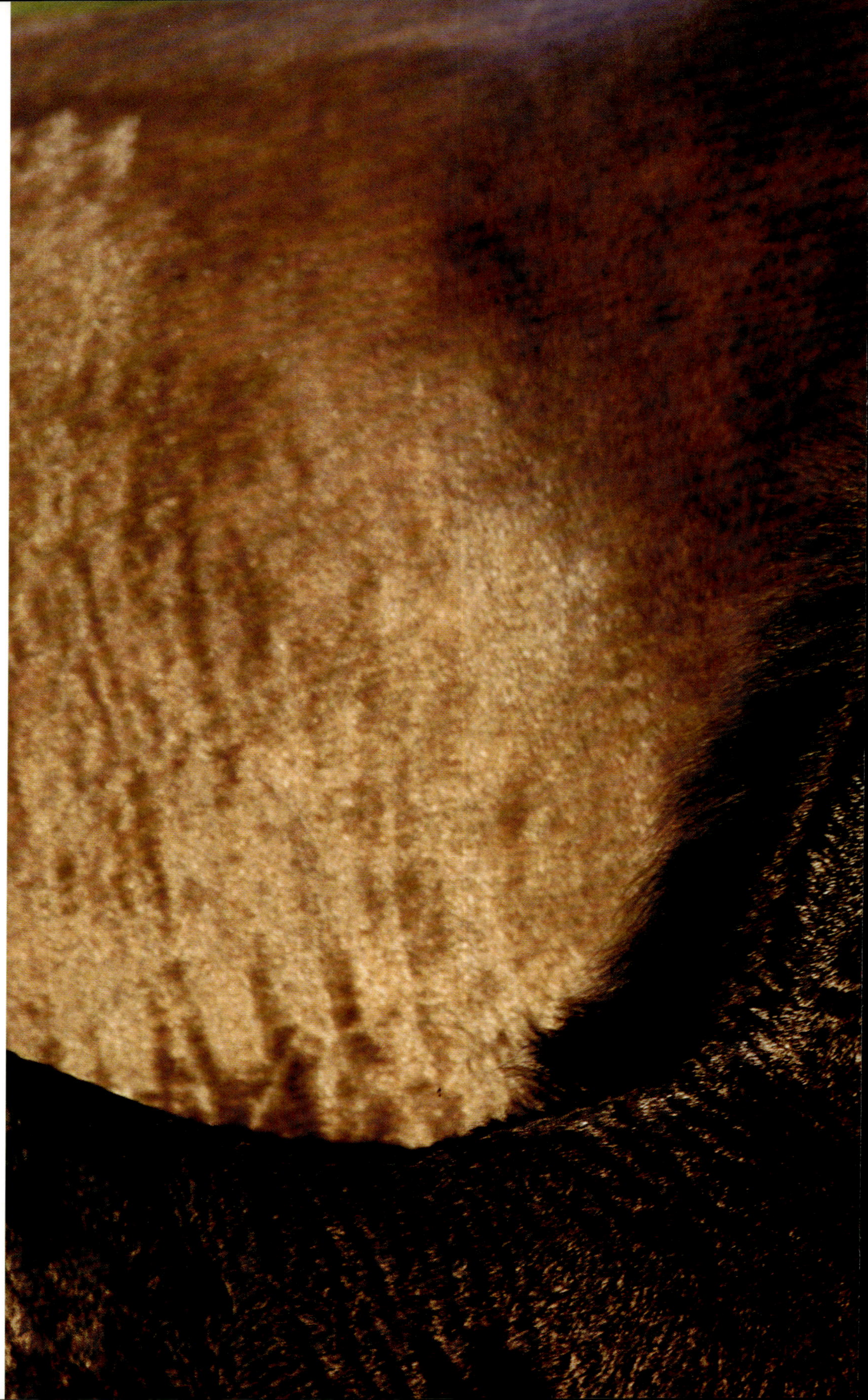

220–221 Das Friesen-Fohlen ist beunruhigt und flüchtet sich zu seiner Mutter. Diese ist bereit, es mit allen Gefahren aufzunehmen, um ihren Sprössling zu beschützen. Je weiter ihre Trächtigkeit fortschreitet, desto misstrauischer und distanzierter wird sie übrigens sogar gegenüber anderen Pferden. Nach der Geburt schützt sie ihr Junges gegen jeden Eindringling und behält es gut einen Monat immer dicht neben sich. Später sucht das Fohlen von sich aus an ihrer Seite Schutz, sobald es Angst hat. Erst am Ende der Zeit als Heranwachsender, mit etwa eineinhalb Jahren, wird es von seiner Mutter getrennt und von der Herde verstoßen, damit es das Leben eines erwachsenen Pferdes aufnimmt.

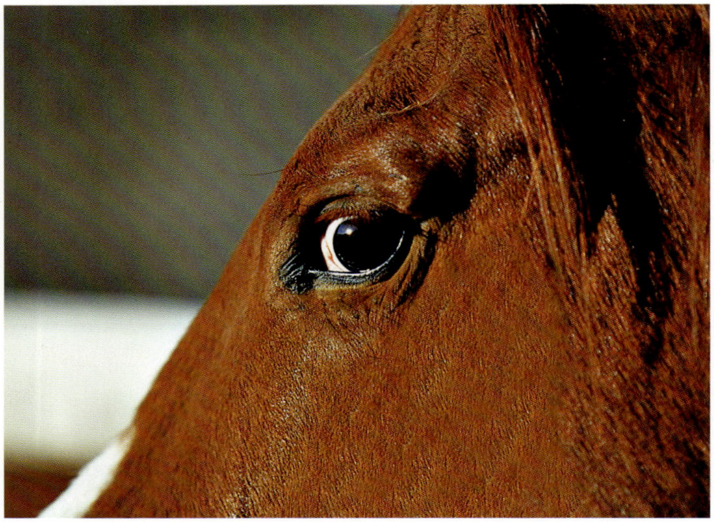

222 und 222–223 Der Blick eines Pferdes sagt viel über seine Gefühle aus. Wenn es die Augen so weit aufreißt, dass man das Weiße um die Iris erkennen kann, hat es mit Sicherheit Angst. Weitere typische Haltungen sind der hoch erhobene Kopf, weit geöffnete Nüstern und der aufgestellte Schwanz. Dann ist das Pferd in höchster Alarmbereitschaft. Die Spannung kann sich so schnell lösen, wie sie aufgebaut wurde, sobald das Tier weiß, was los ist, und sich beruhigt hat.

Angst und Gewalt

224–225 Eine Gruppe Araber-Fohlen des Gestüts Al Badia in Kairo verschwindet im fliegenden Galopp in der ägyptischen Wüste. Diese als „Windtrinker" bezeichneten Pferde mit den fließenden, leichtfüßigen und anmutigen Bewegungen haben zu zahlreichen Legenden, ganzen Gedichtsammlungen und vielen Koranversen inspiriert.

226–227 500 bis 1000 Pferde sind in der Pampa unterwegs und lassen im hohen Gras ähnliche Wellen entstehen, wie der Wind sie hervorruft. Diese wogenden Körper werden vom betäubenden Lärm der Hufe begleitet. Die Tiere leben hier praktisch wild, ihr Instinkt und ihre Ausdauer, die legendär geworden sind, bleiben daher erhalten. Für sie ist der Mensch eine Gefahr, gegen die sie tapfer kämpfen, wenn man sie einfängt. Die anschließende schonungslose Dressur macht sie gefügig, und durch die Gewöhnung werden sie ruhiger. Ihr Instinkt jedoch bleibt ihnen erhalten.

Empfindsamkeit und Empfindlichkeit

pfindsamkeit und Empfindlichkeit

Soeben ist es dem warmen Bauch seiner Mutter entschlüpft. Es ist noch ganz nass, die Haare sind verklebt, es ist ein wenig benommen und verloren in dieser neuen Welt, die es nach und nach entdecken wird. Einige Minuten bleibt das Fohlen mit ausgestreckten Beinen liegen und versucht, nach der Anstrengung der Geburt etwas Kraft zu sammeln und zu sich zu kommen. Schon hebt es den Kopf, die Augen sind geöffnet, es atmet den Geruch des feuchten Heus und den Geruch seiner Mutter, von der es unermüdlich abgeleckt wird. Sehr bald schon, häufig nach weniger als einer Stunde, versucht es, auf seinen langen Beinen zu stehen. Ungeschickt und wacklig schiebt es die Kruppe nach oben, aber es gelingt ihm noch nicht, auch die Schultern zu heben. Dann versucht es den Ablauf umgekehrt. Gelingt es dem Fohlen schließlich, seine Bewegungen so zu koordinieren, dass es sich auf seine langen und anmutigen Beine stellen kann, strauchelt es und

sinkt ins Heu. Nach einigen fruchtlosen Versuchen kann es sich dann schließlich auf seinen vier gespreizten und wackligen Stelzen im Gleichgewicht halten. Noch wenige Augenblicke, und es wird seine ersten Schritte ins Leben wagen, getrieben von einem nicht zu unterdrückenden Instinkt, der ihm wie eine unsichtbare Macht eingibt, es solle sich beeilen und keinesfalls aufgeben, ganz gleich, wie sehr es sich anstrengen müsse.

Zugleich mit diesem anrührenden Schauspiel hat der Überlebenskampf begonnen. Die große Kraft des Pferdes wird in dieser Energie bereits spürbar, die es dazu bringt zu laufen, sich in Bewegung zu setzen, kaum dass es den Bauch seiner Mutter verlassen hat. Diese Kraft überdeckt aber eine ebenso große Schwäche, eine tödliche Schwachstelle: Sollte es ihm nicht gelingen, sich innerhalb seiner ersten Lebensstunden auf seinen Beinen aufzurichten, ist dieses kleine Wesen zum Sterben verurteilt. Es muss sich mühsam zu den Zitzen seiner Mutter aufmachen, um die erste rettende Milch zu trinken. Diese so genannte Kolostral- oder Biestmilch immunisiert das Neugeborene und versorgt es mit der zum Überleben erforderlichen Energie. Trinkt es diese Milch nicht innerhalb seiner ersten sechs Lebensstunden, ist es in großer Gefahr. In der Natur, wo der Mensch nicht eingreift, wird das Kleine dann stündlich schwächer und stirbt, weil es nicht rechtzeitig saugen konnte.

Unbeweglich liegen zu bleiben bedeutet den sicheren Tod. Das ist am Anfang des Lebens genau so wie an dessen Ende. Alte Pferde werden allmählich immer schwächer, schränken ihre Bewegungen ein, legen sich immer seltener hin, um nicht in die fatale Situation zu geraten, nicht mehr aufstehen zu können. Wie das Fohlen, das nicht genügend Kraft hat, um aufzustehen, gelingt es dem alten Pferd nicht mehr, den Impuls zu finden, der ihm aufhilft. Es erschöpft sich bei den wiederholten Versuchen, eine Bewegung auszuführen, die es Tausende von Malen in seinem Leben gemacht hat. Es scheitert. Seine Kräfte schwinden, es hebt nur noch von Zeit zu Zeit mit einem Seufzer den Kopf. Schließlich gibt es auf. Es erwartet den Tod.

Darin liegt die Komplexität dieses Wesens: Es verfügt über eine große Kraft und einen starken Instinkt zum Ausgleich für seine große Empfindlichkeit. Wie kommt es nur, dass ein so großes und kräftiges Geschöpf so empfindlich sein kann? Die geringste Veränderung seiner Ernährung wird zu einer schweren Gefahr für seine Gesundheit: Es kann innerhalb weniger Stunden an einer Kolik sterben. Bei falscher Fütterung droht die Hufrehe. Ein Schienbeinbruch gleicht einem Todesurteil. In Ausnahmefällen kann es vorkommen, dass mitten im Galopp ein Bein bricht. Oder der Fußtritt eines Artgenossen, der nicht einmal besonders kräftig sein muss, führt zu einer anhaltenden Behinderung.

229 Alle Sanftmut dieser Erde liegt in den Augen eines großen und kräftigen Friesen.

230 links Vollblut-Araber auf der Hut.

230 Mitte Eine junge Trakehner-Stute entdeckt die Welt.

230 rechts Ein Araber-Fohlen sucht bei seiner Mutter Schutz.

Empfindsamkeit und Empfindlichkeit

Viele Pferde, die man für widerstandsfähig und unproblematisch hielt, werden zu „Jammergestalten", sobald sie aus dem Gleichgewicht geraten. Das kann ein Besitzerwechsel sein, ein neuer Stall oder der Verlust eines Weidegenossen, und schon wendet sich ihr Leben zum Negativen, auch wenn hinter der Veränderung die besten Absichten standen.

Ich erinnere mich beispielsweise, dass ich mein Pferd in einer Zeit, als ich mich nicht so viel wie üblich darum kümmern konnte, einer anderen Reiterin auslieh. Meiner Meinung nach konnten Ausritte mit einer Unbekannten, deren reiterische Gewohnheiten ich genau studiert hatte, dem physischen und psychischen Gleichgewicht meines Tieres nur gut tun. Innerhalb von drei Monaten, in denen er ein- oder zweimal pro Woche kurz mit dieser jungen Frau ausgeritten war, veränderte sich mein schöner Gefährte, den ich für unerschütterlich gehalten hatte, vollkommen. Er nahm stark ab, sein Rücken hing durch, als lasteten fünf oder zehn Jahre mehr auf seiner Wirbelsäule, er verhielt sich beim Reiten unberechenbar und wollte sogar nicht mehr an der Longe gehen.

Es war eine unvorstellbare Verwandlung, die vor allem in keinem Verhältnis zu den Beobachtungen stand, die ich bei den Ausritten mit seiner Gelegenheitsreiterin machen konnte. Ich musste meinem Pferd diese scheinbar harmlosen Ausritte ersparen. Sechs Monate dauerte es, bis mein lieber Gefährte wieder so war wie zuvor, so wie ich ihn seit zehn Jahren kannte. Nicht eine Sekunde lang hatte ich mir vorstellen können, dass er sich innerhalb weniger Wochen vollkommen verwandeln könnte.

Die übergroße Empfindsamkeit eines Pferdes lässt sich ständig beobachten. Es ist, als lebe es seinen Alltag mit einer viel stärkeren Intensität als wir Menschen. Seine Fähigkeit, verschiedene Geschmacksrichtungen, Gerüche und Geräusche zu unterscheiden, zeigt uns die Unvollkommenheit unserer eigenen Sinnesorgane. Das Pferd ekelt sich vor Wasser, das nur leicht mit Chlor versetzt ist, es wählt sorgfältig jeden Grashalm, den es frisst, und spuckt jedes unerwünschte Hälmchen wieder aus. Es erkennt Gräser wieder, die es viele Jahre zuvor als Fohlen auf der Weide gefressen hat, und findet sofort jeden schädlichen Halm heraus, der sich zwischen den anderen verbirgt. Mit seinem Geruchssinn kann es am Geruch der Pferdeäpfel das Geschlecht oder sogar den hormonellen Zustand seiner Artgenossen erkennen, ohne sie überhaupt sehen zu müssen. Sogar seine Berührungsempfindlichkeit ist eindrucksvoll: Durch eine Fliege oder ein Blatt auf seinem Rücken fühlt es sich gestört und schüttelt sie sofort ab. Zwar hat es keine Hände, aber mit seinen Nüstern und ihren langen Härchen kann es äußerst feine Abstufungen von Texturen und Temperaturen wahrnehmen. Es berührt alles, was es entdeckt, bewegt es zwischen den geschürzten Lippen und überzeugt sich so von dessen Harmlosigkeit.

Das Gedächtnis eines Pferdes ist phänomenal. Es kennt jedes Detail in seiner Umgebung, jede Böschung, jeden Strauch auf seinen üblichen Spazierritten. Wenn auch nur ein einziges Element dieser Umgebung fehlt, ist es bereits alarmiert, erstaunt oder sogar beunruhigt. Ein gefällter Baum, eine Gartentüre, die ausnahmsweise geschlossen ist, und schon ist es alarmiert. Wenn Sie das nächste Mal dort vorbeikommen, wird das Pferd selbst noch nach einem Monat nervös, sobald Sie sich der fraglichen Stelle nähern. Es ahnt etwas, überlegt, als sei dies das Wichtigste auf der Welt: Wie wird es dieses Mal sein? Ob die Dinge wohl wieder an ihrem Platz sind?

Pferde, die drei Viertel ihres Lebens mit den Nüstern im Gras zubringen, erwecken zwar den Anschein unerschütterlicher Pflanzenfresser, sie erleben aber jeden Augenblick, jede Kleinigkeit mit einer Intensität, die wir niemals erreichen. Ein Pferd beobachtet die geringste Bewegung und weiß immer, wo man ist und was man tut. Das fällt ihm besonders leicht, weil es dazu nicht einmal den Kopf zu drehen braucht: Sein Sichtfeld von 350 Grad sichert ihm eine unfehlbare Überwachung. Wenn sich ein winziges Detail Ihrer täglichen Routinearbeiten nur um ein Weniges ändert, ist der friedliche Graser sofort auf der Lauer, er ist beunruhigt und möchte über die Neuerung Bescheid wissen.

Diese schweigsame Klatschbase, dieser engelsgleiche Voyeur weiß alles von Ihnen: ob Sie einen neuen Blouson tragen, ein anderes Parfüm benutzen oder ob Sie ihn durch heimliche Ausritte mit einem anderen Pferd betrogen haben. Noch erstaunlicher ist, dass ein Pferd unfehlbar über Ihren psychischen Zustand Bescheid weiß. Wenn Sie eine Stunde im Stau standen oder gerade eine heftige Unterredung hatten, verkrampft sich Ihr Gefährte, sobald er Sie nur gesehen hat. Wie ein Schwamm saugt er Ihre Wut oder Ihre Erregung auf und wird an diesem Tag natürlich zu nichts Vernünftigem zu gebrauchen sein. Angespannt, unkonzentriert, aufgebracht – Ihr perfektes Spiegelbild! Unweigerlich trägt dies zu Ihrer weiteren Anspannung bei, dabei suchten Sie bei Ihrem Pferd doch eigentlich Entspannung. Aber dieses überempfindliche Wesen verlangt, dass wir unseren Ärger ablegen, bevor wir uns auf seinen Rücken schwingen. Wir sollen uns frei machen, um ein Anrecht auf das Paradies zu haben, das uns auf seinem Rücken erwartet. So wird Reiten zu einer Lebenskunst, zu einem immerwährenden Philosophieunterricht. Kommen Sie jedoch leichten Herzens, gut aufgelegt und liebenswürdig bei den Stallungen an, werden Sie den idealen Partner vorfinden. Sind Sie einmal traurig oder deprimiert, ist Ihr Pferd zur Stelle, es schnaubt an Ihrem Hals, legt den Kopf auf Ihre Schulter und bleibt unbeweglich ganz nah bei Ihnen, als wolle es sagen: „Mach dir keine Sorgen, ich bin ja da." Es lauscht aufmerksam, sieht Sie voller Mitleid weinen und streichelt vorsichtig mit seinen Lippen über Ihre Wangen, als wolle es die Tränen trocknen.

Pferde verfügen über eine so ausgeprägte Sensibilität und ein so großes Feingefühl, dass sie inzwischen auch als Psychotherapeuten zur Linderung seelischer Schmerzen, aber auch körperlicher Behinderungen eingesetzt werden. Die Bewegung nahm in den 1970er-Jahren in Europa ihren Anfang und wurde anschließend auch in den Vereinigten Staaten eingeführt. Geübte Reiter, die von der Empathie der Pferde und

231 Erstes Kennenlernen wenige Minuten nach der Geburt.

232 Dieses Fohlen wurde etwas zu früh im Jahr geboren und kann daher noch nicht lange im Freien bleiben.

234–235 Erst wenige Tage altes Mini-Shetland-Fohlen. Dieses winzige Pony schläft tief und fest.

237 In den Augen dieses Vollblut-Arabers spiegelt sich eine Mischung aus Neugier, Furcht und Sanftmut.

ihrer großen Heilkraft überzeugt waren, fingen an, Pferde mit mehrfach behinderten Menschen zusammenzubringen. Die Ergebnisse waren erstaunlich und so überzeugend, dass die Hippotherapie inzwischen weltweit anerkannt ist. Am erstaunlichsten sind sicher die Erfolge bei misshandelten oder autistischen Kindern. Diese verletzten Wesen sprechen nicht mehr mit Erwachsenen, mauern sich in ihrer inneren Welt ein und verweigern zum Teil schon jahrelang jegliche Kommunikation. In Gesellschaft eines Pferdes jedoch scheinen sie innerhalb weniger Monate wie durch ein Wunder ins Leben zurückzukehren. Auch bei Kindern, die sich mit der Gesellschaft des Pferdes begnügen, ohne es zu besteigen, zeigt sich diese positive Wirkung.

Für diesen Erfolg gibt es zahlreiche und komplexe Gründe. Die Beziehung zwischen den Kranken und den Pferden erfolgt auf verschiedenen Ebenen und über unterschiedliche Wege. Zuerst einmal wird sie über den Körper hergestellt, durch den sanften, warmen, zarten Kontakt und das gleichmäßige Wiegen, das man auf dem Rücken eines Pferdes in gemächlicher Gangart erlebt. Hinzu kommt die psychologische Annäherungsarbeit, in der unser vierbeiniger Therapeut glänzt. Das Pferd spürt sofort, dass vor ihm ein unglückliches, verschlossenes und angstvolles Wesen steht. Es nähert sich ihm vorsichtig, aber unwiderstehlich, wie magnetisch angezogen. Man könnte meinen, das Pferd würde durch die Tatsache, dass diese Person unter Kontaktangst leidet, dazu getrieben, Kontakt zu suchen.

Mit seinen Lippen berührt es eine Hand, schnuppert am Hals, kaut an einem Ärmel. Das erfolgt so schüchtern und freundlich, dass der Mensch sich keinesfalls unter Druck fühlen kann. Das Tier tritt mit diesem Menschen in Kontakt, zeigt aber gleichzeitig, dass es selbst fluchtbereit und empfindlich ist und auf die geringste Bewegung seines Gegenübers reagieren wird.

Der Kontakt wird durch die Empfindlichkeit des Pferdes und seine Sensibilität möglich. Dieses große kraftvolle Tier interessiert sich für ein kleines wehrloses Wesen, zeigt sich aufmerksam und für alle Interaktionen offen, reagiert auf seine Weise, verlangt nichts, urteilt nicht, wertet nicht. Mit unendlicher Geduld erwartet es kein Ergebnis, verfolgt kein Ziel und versteht es, die Anwesenheit des anderen dafür zu nutzen, mit ihm in einer Intimität, die ganz von Sanftmut geprägt ist, zusammen zu sein. Wir fühlen uns bei einem Pferd durch die Wärme seines großen Körpers, sein zartes Fell, die Ruhe seiner tiefen Atmung, seine Seufzer, den langsamen Rhythmus seines Kauens und seine feinen Bewegungen geborgen. Die Abwehr zerbricht, das Herz kommt zur Ruhe, der Geist wird frei. Wer dem Pferd nur wenige Minuten zuschaut und zuhört, wie es da in seiner geschützten Box steht, fühlt sich wie im Zustand der Gnade, des Gebets oder der Meditation. Tief in uns kehrt Ruhe ein, und unsere innere Kraft kann wieder zum Tragen kommen wie ein Strom, dessen Staudamm beseitigt wurde. Diese Kraft findet ihren Weg bis in die letzten Winkel unseres Körpers. Manche Menschen sagen, die Aura eines Pferdes und seine Energie seien so groß und kraftvoll, dass jeder, der mit ihm in Kontakt komme, sein eigenes Energiefeld wiederherstellen und aufladen könne. Das ist auch meine Überzeugung. Jedenfalls habe ich genau das immer gespürt, ohne es mir erklären zu können.

Auch wenn alleine schon die Gegenwart der Pferde wohltuend wirkt, sollte man die Tiere nicht nur als passive Akteure bei größeren und kleineren Heilerfolgen betrachten. In der Beziehung zu einem Kranken handeln sie, passen sich an, spielen wirklich die Rolle des Heilenden. Spontan nähern sie sich bestimmten Menschen, berühren bestimmte Körperstellen, streicheln sie mit den Lippen. Dabei treffen sie unfehlbar den Sitz von Spannungen, Verletzungen oder Krankheiten wie Geschwüren oder Krebs. Ich hatte meine Zweifel an dem, was man über die Rolle des Pferdes in psychotherapeutischen Sitzungen erzählte und meldete mich herausfordernd zu einem Praktikum bei Linda Kohanov an, der Autorin des Buches „Das Tao des Equus". Während dieser wenigen Tage wohnte ich unvorstellbaren Sitzungen bei, in denen ihr schwarzer Hengst Unglaubliches vollbrachte. Es gelang ihm, sich jeder Person anzupassen, er begegnete jedem Patienten anders, und es gelang ihm immer, den Schwachpunkt zu berühren, ob er nun physischer oder psychischer Art war. Er arbeitete mit Zärtlichkeit, Humor, Sanftmut oder auch Provokation wie ein echter Fachmann. Bis der Patient schließlich seinen Widerstand aufgab, seiner Emotion wieder freien Lauf ließ und über die häufig sehr alten und völlig verdrängten Verletzungen sprechen oder weinen konnte. Dieser wahre Lehrmeister schien eine große Seele zu besitzen, deren besondere Erleuchtung jeder seiner Handlungen einen Widerhall, ein Gewicht verlieh, die ich nie vergessen werde. Ihm zuzuschauen, wie er mit den verschiedenen Patienten umging, wäre der beste Unterricht gewesen, den Psychologiestudenten oder Therapeuten hätten genießen können.

In meinem Unterbewusstsein wusste ich das alles bereits. Seit ich Pferde fotografiere, ja, seit meiner Kindheit, die ich in ihrer Nähe verbrachte, ist mir klar, dass der Mensch mit Pferden sehr viel mehr Möglichkeiten hat, als nur auf ihnen zu reiten. Die Sensibilität der Pferde für ihre Umgebung, für das Unbewusste, ja, sogar das Mystische, ist ein Geschenk für uns. Seit jenen Tagen jedoch betrachte ich Pferde mit anderen Augen.

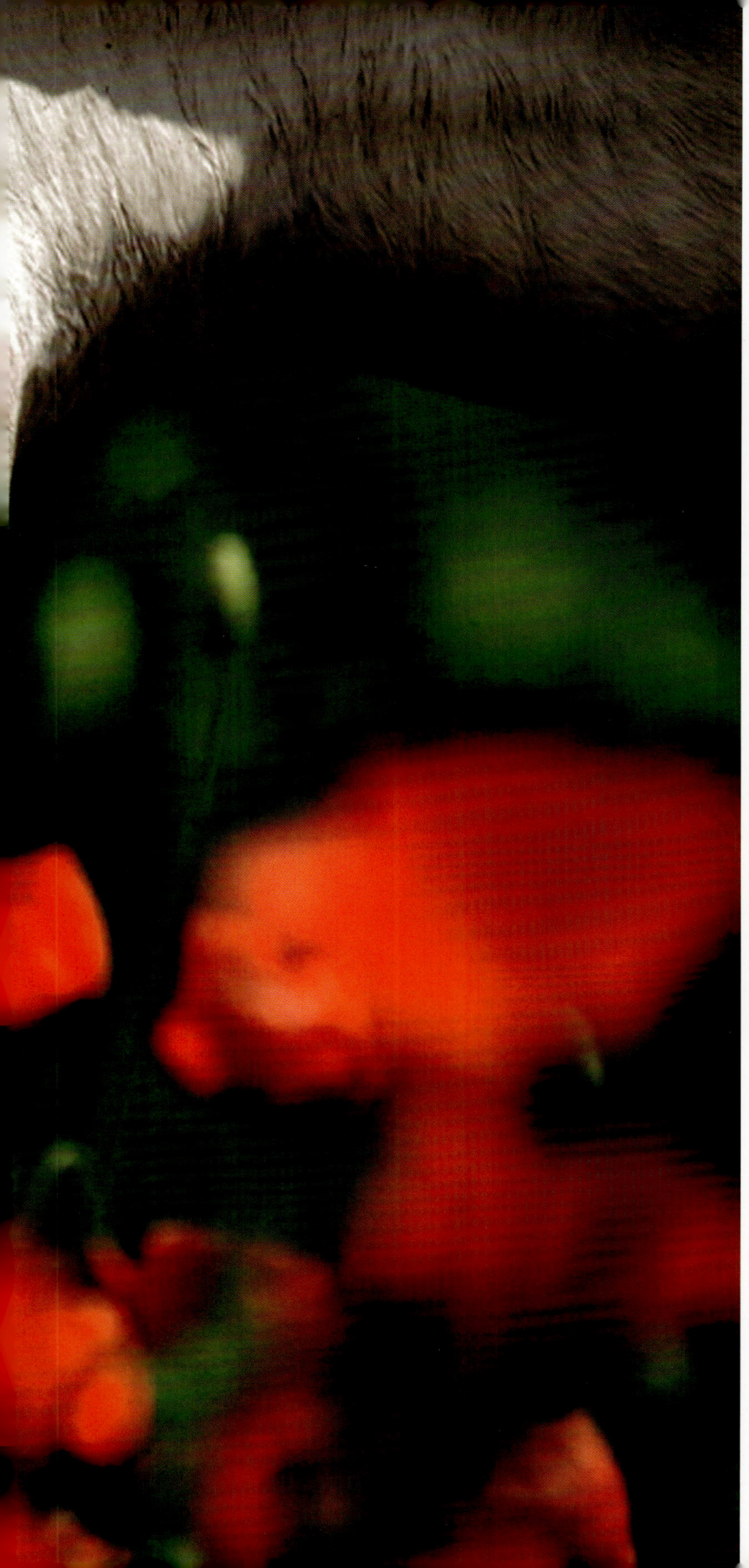

Empfindsamkeit und Empfindlichkeit

238–239 Die feinen und gewandten Nüstern dieses schönen Spanischen Hengstes finden inmitten des Mohns genau die Gräser, die er braucht. Man kann nur staunen, mit welcher Präzision Pferde die Pflanzen auswählen, die sie fressen. In einer Umwelt, in der viele Gräser und Sträucher für die anfällige Konstitution von Pferden stark giftig wirken, ist dies für sie eine Überlebensfrage.

239 Dieser Vollblut-Araber gönnt sich ein Festmahl: Er holt sich nur die Samen, die oben auf den hohen Gräsern sitzen. Intuitiv weiß er, dass diese Gräser ihm Fette und auch Proteine liefern, die er in geringer Menge auch im kurzen Gras findet.

Empfindsamkeit und Empfindlichkeit

240 Für diesen Haflinger-Hengst ist es ein echtes Abenteuer, die neue Umgebung zu erkunden, in der alle möglichen Gefahren lauern könnten. Alle seine Sinne sind in höchster Alarmbereitschaft, um Risiken, wie Löcher im Boden oder andere Tiere, unter denen sich auch Feinde befinden könnten, sofort zu entdecken.

240–241 Das Pferd von heute hat eine Entwicklungszeit von über 60 Millionen Jahren hinter sich. Obgleich es seit über 5000 Jahren domestiziert ist und daher unter dem Schutz des Menschen steht, ist sein Status als Beutetier noch immer tief in ihm verwurzelt. Ein Pferd verbringt viele Stunden damit, seine Umgebung aufmerksam zu sondieren, wie dieser Lusitano, ein Hengst, der prüft, von wo Gefahr drohen könnte.

Empfindsamkeit und Empfindlichkeit

242–243 Pferde drücken ihre Gefühle häufig mit den Augen aus. Mal ist deren Ausdruck traurig, mal schelmisch, sehnsüchtig, beunruhigt oder völlig verschlafen. Dieses hier schaut mich etwas beunruhigt an und scheint sich zu fragen, wozu wohl dieser Apparat in meinen Händen dienen soll, der auf es gerichtet ist.

Empfindsamkeit und Empfindlichkeit

244–245 In den ersten Lebenswochen braucht ein Fohlen sehr viel Ruhe. Mehrmals täglich legt es sich neben seine Mutter und sinkt in einen tiefen Schlaf, den „Babyschlaf", den es als erwachsenes Pferd nicht mehr kennen wird.

245 Dieses 24 Stunden alte Araber-Fohlen scheint selbst über seine langen Beine zu staunen. Es weiß schon sehr geschickt damit zu galoppieren und wagt sich sogar an akrobatische Figuren, wie Ausschlagen oder Bocksprünge. Ungestüm und Geschwindigkeit von Fohlen, die erst wenige Stunden alt sind, erstaunen uns Menschen, die wir Jahre brauchen, um eine vergleichbare motorische Autonomie zu erreichen. In der Welt der Pferde ist dies aber eine Frage des Überlebens: Wer nicht in der Lage ist, bereits in seinen ersten Lebensstunden der Herde zu folgen, verliert ihren Schutz und ist Jägern, wie dem Fuchs oder dem Kondor, ausgeliefert.

246 Dieses Fohlen fühlt sich nicht völlig sicher, obgleich es seine wachsame Mutter neben sich weiß. Es spürt meine Anwesenheit und ist jederzeit bereit, aufzustehen und sich davonzumachen. Oft dauert es sogar bei domestizierten Fohlen sehr lange, bis sie dem Menschen vertrauen. Der Fluchtinstinkt bleibt stark, selbst wenn man das Tier bereits in den ersten Lebenstagen sanft berührt.

246–247 „Was tun?", fragt sich dieses mehrere Wochen alte Friesen-Fohlen. Es versucht, die Gefahr abzuschätzen, die von mir ausgeht und ist jederzeit bereit, aufzuspringen. Zum Glück siegt bei den meisten Pferden häufig die Neugier über die Angst.

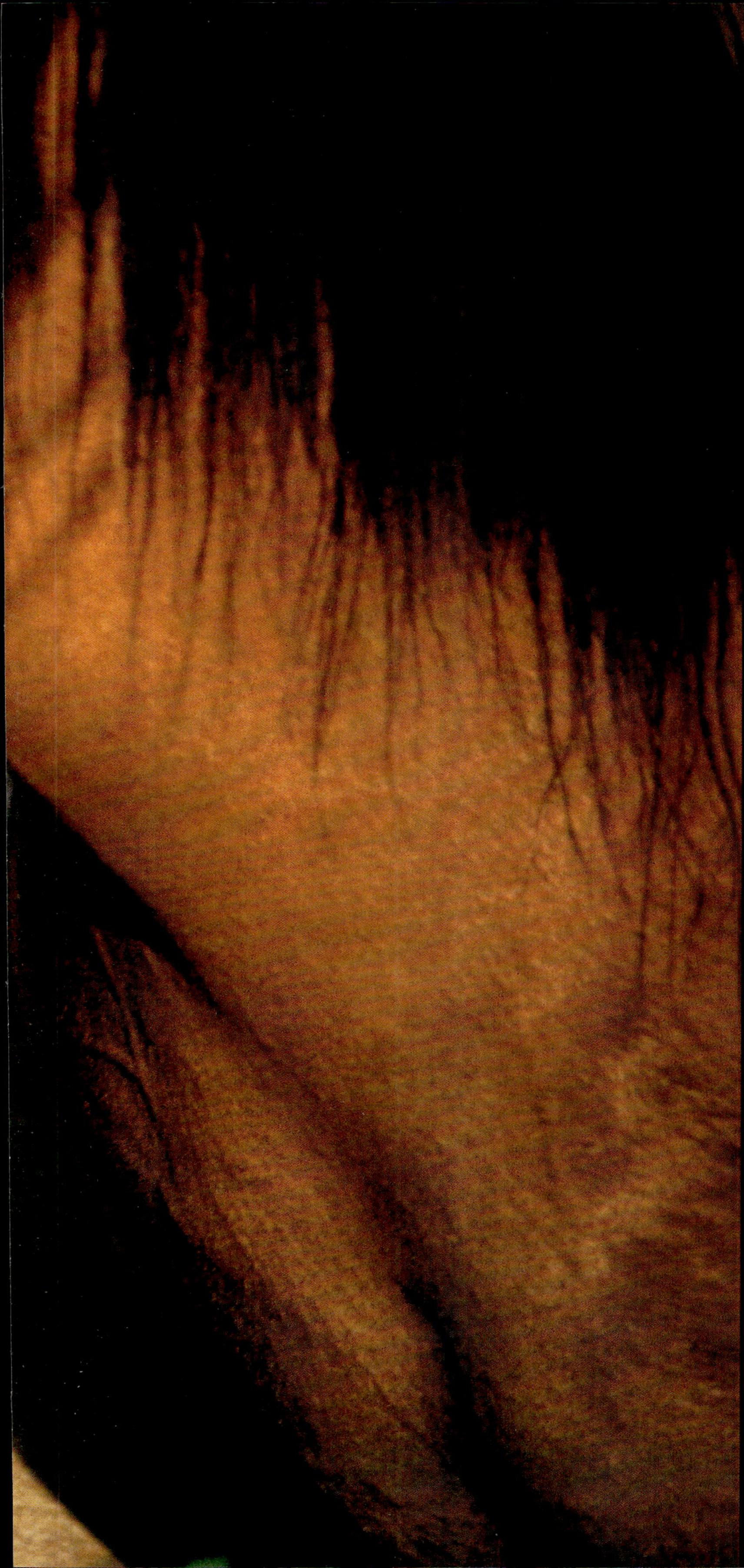

248–249 Fohlen verbringen ihre ersten Lebenswochen im wahrsten Sinn an ihrer Mutter klebend. Beide riechen oft aneinander, als wollten sie sich Anwesenheit versichern. Dieser Geruch, den die Mutter tief in sich aufgen während sie ihr Fohlen nach der Geburt abgeleckt hat, dient ihr lebenslan Verbindung und Erkennungszeichen.

Solidarität und Zärtlichkeit

Solidarität und Zärtlichke

Stellen Sie sich niemals zwischen eine Stute und ihr Fohlen. Wenn sie auch nur einen kurzen Moment annehmen könnte, dass Sie eine Gefahr für ihr Fohlen darstellen, wird sie die Ohren anlegen und Sie mit Ihren Zähnen bedrohen. Es sollte dann Ihr ureigenstes Interesse sein, sich so schnell wie möglich aus ihrer Reichweite zu entfernen und ihr Gelegenheit zu geben, sich in aller Ruhe um ihren Nachwuchs zu kümmern, sonst riskieren Sie schmerzhafte Bisse.

Jedes Pferd wird von seiner gesamten Herde geschützt. Den Beweis dafür habe ich mehrfach in meinem Leben erhalten. So befand ich mich zum Beispiel eines Tages in dem Sumpfgebiet Maremma in der Toskana inmitten von Pferden, die dort in Freiheit leben, ohne je einen Stall von innen zu sehen. Es war ein Frühlingstag, die Sonne war noch nicht aufgegangen, und ich konnte nur schemenhaft eine erstaunliche Szene beobachten: Eine junge Stute brachte gerade ihr erstes Fohlen zur Welt. Das Fohlen war nass und schwächlich, es konnte noch nicht auf seinen langen

Beinen stehen. Die Mutter, die sich gerade ein wenig erholte, lag neben ihm. In solchen unberührten Gegenden ist dies für einen Fleischfresser, selbst für ein kleineres Exemplar, der ideale Moment zum Angriff. In der Maremma sind es häufig Füchse, die solche Augenblicke nutzen. In anderen Gegenden können dies Pumas, Wölfe oder auch Geier sein. Alte und kranke Pferde oder solche, die noch zu klein sind, um sich zu verteidigen, werden zu einer verlockenden Beute. In solchen Momenten zeigt sich die Solidarität. In diesem Fall hatte die Herde einen Kreis um die junge Mutter und ihr Junges gebildet. Jedes Pferd hatte sich schützend aufgestellt, um einen möglichen Angriff abzuwehren. Von diesem magischen Kreis ging ein Frieden, eine Sanftheit und Harmonie aus, die ich niemals vergessen werde. In aller Stille und Ruhe stand die Gruppe für eines ihrer Mitglieder völlig natürlich zusammen.

Ich hatte bereits früher Zeugnisse der Solidarität beobachten können, vor allem zwischen Mutter und Tochter. Das gilt insbesondere, wenn eine Stute ihrer Tochter nach der Geburt ihrer ersten Fohlen beisteht. Sie teilen sich die Aufsichtspflichten und die Erziehung der Jungen, als würde

die Ältere dem Neuling diese Kunst beibringen. Aber auch das Umgekehrte kommt vor. Wenn eine ältere Stute ein hyperaktives und sehr anspruchsvolles Fohlen hat, habe ich bereits gesehen, wie eine ihrer Töchter den Halbbruder zusammen mit ihrem eigenen Fohlen beaufsichtigt, damit ihre Mutter sich etwas ausruhen kann.
Man kann sich kaum vorstellen, wie anstrengend ein Fohlen für seine Mutter sein kann: Mehrmals pro Stunde kommt es, um zu trinken, möchte unablässig spielen und Dummheiten machen. In den ersten Wochen muss es ständig beaufsichtigt werden. Danach ist die Abhängigkeit nicht mehr so groß, aber die Mutter ist noch immer viel mit ihrem Fohlen beschäftigt. Und während in der Welt der Pferdezucht die Beziehung zwischen Stute und Fohlen im Alter von sechs Monaten vollständig abgebrochen wird, hält dieses zärtliche und solidarische Band in der Natur sehr viel länger. Die Stuten behalten ihre Fohlen bei sich, bis sie ihr nächstes Fohlen bekommen, also ein ganzes Jahr. Auch wenn sie sich anschließend hauptsächlich um das Neugeborene kümmern, unterhalten sie zu ihren vorherigen Fohlen weiterhin eine sehr enge Beziehung. Die Fohlen bleiben häufig in ihrer Nähe, sie tauschen Zärtlichkeiten aus, erhalten sich diese Mutter-Kind-Bindung lebenslang, wenn die Möglichkeit dazu gegeben ist.

251 Zwei junge Pferde beschnuppern sich zum ersten Mal.

252 links Bestes Einvernehmen herrscht zwischen diesen beiden jungen Pferden.

252 Mitte Mit aller Kraft verteidigt eine Stute ihr Fohlen, das bei ihr Schutz sucht.

252 rechts Zwei befreundete Haflinger spazieren über die Almen.

253 Solidarität prägt nicht nur die Beziehung zwischen Stute und Fohlen: Auch der Hengst beschützt seine Nachkommen.

Solidarität und Zärtlichkeit

Hat man einmal den Austausch von Zärtlichkeiten zwischen einer Stute und ihrem Fohlen erlebt, so versteht man, dass die Liebe nach der Entwöhnung nicht verschwunden sein kann. Wenn ich durch den Sucher meiner Kamera sehe, mit welcher Zärtlichkeit die Stute ihr Neugeborenes ableckt, mit welcher Sanftheit sie es mit der Schnauze anstupst, um ihm beim Aufstehen zu helfen, und wie sie ihm zeigt, wie es zum ersten Saugen ihre Zitzen findet, bin ich jedes Mal wieder zutiefst bewegt. Der Blick, mit dem sie ihr Junges anschaut, enthält alle Liebe dieser Welt.

Die Aufmerksamkeit, die den Fohlen entgegengebracht wird, ist auch eine Gemeinschaftsangelegenheit und fällt nicht ausschließlich in den Aufgabenbereich der Stute, wie man häufig glaubt. Als ich in Argentinien Herden mit 500 bis 800 Pferden fotografierte, konnte ich feststellen, wie es der Gruppe gelang, ihre Fohlen zu beschützen. Die Tiere richteten es immer so ein, dass die Fohlen niemals außerhalb oder am Rand der Gruppe waren. Die Jungtiere wurden immer wieder in die Mitte zurückdirigiert und so von den Erwachsenen geschützt, die um sie herumstanden.

Bei den Pferden ist die Solidarität eine Sache der Gemeinschaft, der Familie, aber auch der Einzeltiere mit ihren Zuneigungen. Freundschaften zwischen Pferden sind sehr stark und unglaublich dauerhaft. Sie halten normalerweise lebenslang, vor allem zwischen Stuten, die sehr enge Bindungen eingehen können. Im Alltag zeigt sich dies im Austausch von Zärtlichkeiten, Massieren, gegenseitigem Fliegenvertreiben, wobei die Pferde so stehen, dass eines das Gesicht des Gefährten mit seinem Schwanz freiwedeln kann. Das mag unbedeutend erscheinen, und doch handelt es sich hierbei um wirkliche Solidarität, denn die Fliegen sind lästig und für Pferde schrecklich störend. Auch das gegenseitige Massieren scheint eine große Bedeutung zu haben und erfolgt nicht mechanisch und zufällig. Die massierten Bereiche sind Stellen hoher Anspannung oder mit Juckreiz bis hin zu Schmerzen, an denen das Pferd sich nicht selbst Erleichterung verschaffen kann. Verhaltensforscher haben festgestellt, dass durch dieses Ritual nicht nur latente Konflikte zwischen einzelnen Tieren ausgeräumt werden, sondern auch eine tatsächliche körperliche Wohltat empfunden wird. Immer wenn sich die Pferde gegenseitig massieren, verlangsamt sich ihr Herzschlag, und sie beruhigen sich dauerhaft.

Jede Freundschaft ist einzigartig. Entgegen der landläufigen Meinung freunden Pferde sich nicht mit jedem an. Ein Pferd kennt die Liebe auf den ersten Blick, besondere Zärtlichkeiten und manchmal auch tiefe Feindschaften. Zwei Pferde, die sich nicht besonders schätzen, können sich jahrelang völlig gleichgültig verhalten, jedes steht an einem anderen Ende der Wiese. Umgekehrt beginnen manche Freundschaften sofort, auf der Stelle, auch wenn es einige Tage dauert, bis das wirkliche Vertrauen hergestellt wurde. Dann sieht man die beiden Kumpane in vollkommener Übereinstimmung leben: Sie weiden Schnauze an Schnauze, schlafen Schulter an Schulter, vertreiben sich gegenseitig die Fliegen und stehen jeweils mit dem

Kopf am Hinterteil des anderen. Sie betrachten die Welt durch vier Augen, drehen normalerweise den Kopf immer in dieselbe Richtung und haben dabei dieselbe Bewegung. Sie berühren sich ständig zärtlich mit den Nüstern und rufen verzweifelt nacheinander, wenn sie das Pech haben, einmal getrennt zu sein.

Ich konnte es lange nicht glauben, aber es ist tatsächlich so, dass eine neue Freundschaft eine alte nicht beendet. Jede ist einzigartig und die stärksten sind unersetzlich, unvergänglich. Manchmal treffen sich alte Freunde nach Jahren der Trennung wieder und es gehört zu den bewegendsten Momenten, ihre Wiederbegegnung zu beobachten. Eine noch erstaunlichere Beobachtung, die ich machen konnte, war, dass Freunde, die getrennt wurden, einander vermissten. Sie suchten sich monatelang, ja sogar jahrelang, immer in der Hoffnung, den anderen wiederzufinden. Mein Pferd war fünf oder sechs Jahre lang intensiv mit einer grauen Stute befreundet. Nach diesen Jahren entschied ich mich für einen anderen Stall, um mein Pferd näher bei mir zu haben. Als es verstand, dass es endgültig aus dem alten Stall fortkommen sollte, wurde es sehr wütend, schlug in dem Transporter wie wild um sich. Dann verfiel es während der ganzen Fahrt in einen Zustand tiefer Traurigkeit und Niedergeschlagenheit. Am Ziel angekommen wurde dieses Pferd, das immer eine eiserne Gesundheit gehabt hatte, viele Monate lang krank. Es vermisste seine Freundin. Und das beruhte offensichtlich auf Gegenseitigkeit. Die Reiterin und Freundin, die sich um diese Koppelfreundin kümmerte, vertraute mir nach einigen Monaten an, dass die Stute zu ihrem Erstaunen noch immer mein kleines rotbraunes Pferd suchte. Jedes Mal, wenn sie auf einer Wiese ein kleines rotbraunes Pferd entdeckte, hob sie plötzlich den Kopf, riss die Augen weit auf, zog die Luft durch ihre weit geöffneten Nüstern, rief wiehernd nach ihm, bis sie ihren Irrtum bemerkte und sich enttäuscht wieder ihrer Beschäftigung zuwandte.

Die Solidarität und Zärtlichkeit der Pferde ist sehr groß. Das gilt untereinander, aber manchmal auch gegenüber Menschen. Wenn Sie an ein Pferd glauben und sich seine Zuneigung verdienen, wird es für Sie kämpfen, alle Ihre Wünsche erfüllen, ohne an sein eigenes Wohlbefinden zu denken. Man sagt von solchen Pferde, die allem die Stirn bieten, dass sie „ein Herz haben". Das kann man wohl sagen, wenn sie Hunderte von Kilometern mit einem Sattel auf dem Rücken laufen, über Hindernisse springen, die höher sind als sie selbst, oder sich im Galopp in einen Graben stürzen, dessen Tiefe sie nicht abschätzen können, wo sie von Natur aus doch so vorsichtig sind. Und das alles für unser Vergnügen. In den Zeiten der Kavallerie berichteten Reiter, deren nächster Kamerad in der Schlacht ihr Pferd war, allerlei erstaunliche Geschichten. Nachdem diese Erzählungen aus verschiedenen Zeiten und Zivilisationen Übereinstimmungen aufweisen, müssen sie doch ein Körnchen Wahrheit enthalten. So wurde beispielsweise berichtet, dass Pferde tatsächlich kämpften, um ihren Reiter zu schützen, dass sie bei ihm blieben, wenn er fiel, oder sogar weiterkämpften mit dem verwundeten oder toten Herrn

254 In den ersten Lebenstagen eines Fohlens schnuppert seine Mutter oft an ihm, als wolle sie sich seinen Geruch gut einprägen und sichergehen, dass es auch wirklich ihr Fohlen ist. Sie erkennt es vor allem am Geruch unter den vielen anderen Fohlen der Herde, die häufig sehr ähnlich aussehen.

256–257 Zwei Pferde, die sich noch nicht kennen, nähern sich einander, um sich zu beschnuppern. Beim ersten Kennenlernen schnauben sie sich häufig gegenseitig auf die Nüstern.

259 Dieser kleine, erst wenige Tage alte Isländer folgt mehr schlecht als recht seiner Mutter und drückt sich eng an sie, um geschützt zu sein.

---

auf dem Rücken. Legendäre Bindungen zwischen berühmten Männern und ihren Pferden haben die Weltgeschichte im Großen wie im Kleinen ausgeschmückt, ob man dabei an Alexander den Großen und seinen Bukephalos oder an Napoleon und Marengo denkt.

Die Bindung zwischen Pferd und Mensch hat etwas Geheimnisvolles. Man kann beobachten, dass es manchen Menschen gelingt, von den Pferden angenommen zu werden, von ihnen wie ein Herdenmitglied betrachtet und geliebt zu werden. Ein solches Verhältnis kann aber auch im Stall in der Beziehung zu einem einzelnen Pferd unabhängig von einer Herde entstehen. Das gilt insbesondere für Hengste. Sie entwickeln leicht ein Verantwortungsgefühl, eine Beschützerrolle gegenüber ihren Reitern oder Besitzern. Das ist für sie ganz natürlich, denn es entspricht ihrer üblichen Rolle auf der Koppel.

Dieses Verantwortungsgefühl des Pferdes ist umso stärker, je schwächer die Person ist. Am deutlichsten zeigt es sich gegenüber Behinderten oder Kindern. Die meisten Pferde werden erstaunlich vorsichtig, sanft und aufmerksam, um ihrem behinderten, unerfahrenen oder einfach sich der Gefahren nicht bewussten Kameraden zu helfen. Wie oft habe ich gesehen, wie ein Pferd seinen Reiter, der das Gleichgewicht verlor, im wahrsten Sinn des Wortes auffing. Innerhalb eines Augenblicks richtete sich das Reittier unter dem gerade noch schwankenden Körper wieder zurecht.

Solidarität und Zärtlichkeit

Pferde sind auch in der Lage, einem Kind oder einem Hund, der ihnen direkt vor die Hufe läuft, auszuweichen, den Kopf zu senken, damit ihr kleiner Reiter ihnen die Kandare anlegen kann oder geduldig neben ihm zu warten, wenn er heruntergefallen ist und wieder aufsteigen muss. Besonders lebhafte und nervöse Pferde werden lammfromm, sobald man ihnen ein Kind auf den Rücken setzt. Sie gehen ganz vorsichtig wie auf rohen Eiern, ertragen die Freuden- oder Angstschreie, halten es aus, wenn das Kind mit den Beinen zappelt oder unkontrolliert an der Kandare zieht. Kurz, sie halten alles aus, was ihnen bei ihrem gewohnten Reiter unerträglich wäre.

Ich meinerseits wurde im Alter von etwa sechs oder sieben Jahren von einer Zugstute adoptiert. Sie lebte alleine auf einer Wiese gegenüber von unserem Wohnhaus. Da wir beide einsam waren, dauerte es nicht lange, bis eine große Liebesgeschichte zwischen uns entstand. Câline, wie ich sie nannte, nahm mich völlig an. Sie ließ mich zwischen ihren schweren Beinen herumhüpfen, auf ihren Rücken springen, nachdem ich auf einen Baum geklettert war, ihre Mähne flechten und sie so schön frisieren, dass meine vereinsamten Puppen vor Neid erblassten. Sie nahm mir meine Ängste und meinen Kummer, indem sie zart in meine Haare schnaubte, freute sich über meine impulsiven Stimmungen, indem sie mit mir um die Wette lief, wiegte mich, wenn ich ihren schweren Kopf in meine Kinderarme nahm. Câline erwartete ungeduldig meine Rückkehr von der Schule und kam im Galopp über die Wiese, sobald das Auto am Ende der Allee auftauchte. Ich blieb bis zum Abendessen bei ihr, und wir tauschten unendlich viele Zärtlichkeiten aus. Bei Einbruch der Dunkelheit wartete sie unter meinem Fenster, um mich mit einem letzten Wiehern zu verabschieden, wenn ich die Läden schloss. Eines Tages war Câline verschwunden. Als ich von der Schule kam, war die Wiese leer. Monatelang lief ich auf meinen kurzen Beinen im Umkreis einiger Kilometer durch die Gegend, um sie zu finden. Vergebens. Jahre später erfuhr ich, dass meine Adoptivmutter wegen ihres Fleisches kiloweise verkauft worden war. Sollte der Metzger alle Liebe mitgewogen haben, die sie im Herzen trug, muss er sehr viel bezahlt haben.

Eine Metzgerstute gab mir alle Zärtlichkeit und Liebe dieser Welt. Die Liebe einer Mutter, Schwester und Freundin. Sie versüßte nicht nur meine Kindheit, sondern weit darüber hinaus mein ganzes Leben, indem sie in mir für alle Ewigkeit die Liebe zu Pferden erwachen ließ.

260–261 Das Leben in der Herde schützt die Pferde. Jedes beobachtet die Umgebung und warnt die anderen vor möglichen Gefahren. Werden sie von einem Feind angegriffen, können sie sich mit vereinten Kräften besser verteidigen. Die anfälligsten Herdenmitglieder, wie die Fohlen, werden oft in die Mitte genommen, und der Hengst bildet den Abschluss, um dafür zu sorgen, dass niemand verloren geht und isoliert wird.

Solidarität und Zärtlichkeit

262–263 und 263 Pferde, vor allem befreundete Tiere, verbringen viel Zeit damit, sich aneinander zu reiben und sich gegenseitig zu streicheln. So können sie Juckreiz und Spannungen an Stellen lindern, die sie selbst nicht erreichen. Es heißt auch, diese freundschaftliche Geste sorge für eine gewisse Beruhigung. Ihr Herzschlag verlangsamt sich nachweislich bei dieser von Verhaltensforschern als Grooming bezeichneten Tätigkeit.

264–265 Innerhalb der Herden herrschen sehr stabile Bedingungen mit st
Freundschaften und Feindschaften. Die Tiere bleiben jahrelang, manchmal
lang zusammen, wie eine Familie, deren Mitglieder sich gegenseitig unterst
trotz aller Spannungen, die auftreten können.

Solidarität und Zärtlichkeit

266 Bei frei lebenden Pferden unterhalten Mutter und Fohlen eine Beziehung liebevoller Zuwendung und Schutzbereitschaft, die lange über die Entwöhnung hinaus bestehen bleibt. Diese Zuchtstute bringt ein neues Fohlen zur Welt, ihr Sprössling vom letzten Frühjahr ist aber noch immer bei ihr. Diese bevorzugte Beziehung kann ein Leben lang anhalten, insbesondere zwischen einem Stutfohlen und seiner Mutter.

266-267 Mit etwa 18 Monaten, zur Zeit der Pubertät, werden die jungen ledigen Pferde aus ihren Herden gedrängt, die aus den Stuten und einem Hengst bestehen. Sie tun sich zusammen, um sich gegenseitig zu schützen, bis nach und nach jedes, sobald es erwachsen ist, einen Platz in einer neuen Herde findet.

Solidarität und Zärtlichkeit

268–269 Den anderen berühren, sich gegenseitig liebkosen – im Leben eines Pferdes ist das sehr wichtig. Könnte man eine Prioritätenliste für Pferde aufstellen, stünde das Sozialleben an erster Stelle, sogar noch vor der Freiheit. Eine große Wiese kann einen guten Gefährten niemals ersetzen. In der Welt der Pferde bedeutet Alleinleben nicht mehr als Überleben.

Solidarität und Zärtlichkeit

270–271 Innerhalb einer Herde stehen sich manche Tiere sehr nahe und bleiben selbst unterwegs immer eng beieinander. Andere lehnen sich gegenseitig ab und wahren immer einen respektvollen Abstand, wie das Pferd links im Bild, das zu den beiden Freunden in der Mitte Distanz hält, die eng nebeneinander laufen.

272 Auch innerhalb einer Freundschaft kann ein Tier dominieren. Beherrscht ein Pferd ein anderes, kann es sich sehr weisungsstark zeigen. Es beißt seinen Artgenossen leicht, wie hier, um ihn zum Gehorsam zu zwingen, oder droht ihm mit angelegten Ohren. Dieses Verhalten mag etwas tyrannisch erscheinen, beide verstehen es aber, in perfekter Harmonie zu leben, in der jedes Pferd seinen Platz hat. Meist sind diese Tiere unzertrennlich.

273 Freundschaften unter Pferden schließen weitere Freundschaften häufig aus. Bei diesen jungen Isländern ist das allerdings anders, was hauptsächlich an ihrer Jugend liegt.

274–275 Zwei Connemara-Fohlen in Irland lernen sich kennen. Es ist der Beginn einer Freundschaft. Die Beziehungen zwischen Pferden sind meist äußerst friedlich und freundschaftlich.

276 und 277 Die Nüstern dienen sowohl zum Riechen als auch zum Tasten. Dies sind beim Pferd zwei wichtige Sinne, die es unter anderem zur Erkundung seiner Artgenossen nutzt. Für das spätere Wiedererkennen ist der Geruchssinn am wichtigsten, so wie früher beim Fohlen, das seine Mutter identifizierte.

278–279 Dieses Fjordpferd, ein Hengst, versucht, seine Gefährtin zu beruhigen und ihre Gunst zu gewinnen, indem er ihren Widerrist krault. Er wird viel Sanftheit und Ausdauer beweisen müssen, um sein Ziel zu erreichen.

Solidarität und Zärtlichkeit

280–281 Pferde kennen kein Konkurrenzdenken, kein Besitzergreifen. Friedlich teilen sie die Vorräte, die ihnen zur Verfügung stehen, wie hier das Flusswasser. Das gilt auch auf der Weide, wo ein Tier versuchen könnte, sich den besten Teil oder bestimmte Gräser zu sichern. Bei Pferden wird aber gerecht geteilt. Im Stall hingegen, wo das Futter rationiert ist, stehlen sie ihrem Nachbarn schamlos seine Portion.

282–283 Es ist immer wieder verblüffend, wie friedlich und kraftvoll große Herden sind. Diese Gruppe argentinischer Criollos bewegt sich über die Pampa, ohne eines ihrer Mitglieder im Stich zu lassen oder anzugreifen. Dutzende von Pferden bilden ein Ganzes, das sich im gemeinsamen Rhythmus wiegt und durch das Donnern der Hufe erbebt .

Solidarität und Zärtlichkeit

284–285 Die enge Bindung zwischen einem Fohlen und seiner Mutter hat etwas sehr Anrührendes. Vielfältige Zeichen der Aufmerksamkeit und Zärtlichkeit werden ausgetauscht, wie hier bei diesem Fohlen, das den Kopf am Bauch seiner Mutter reibt. Die Mutter begegnet ihrem Sprössling nicht immer nur sanft, sie kann sehr wohl auch mit ihm schimpfen – durch einen vorsichtigen Biss – oder ihm bestimmte Dinge verbieten. Es darf sich beispielsweise nicht zu lange von ihr entfernen.

286–287 Dieses kleine Isländer-Fohlen erholt sich einige Minuten zu Füßen seiner Mutter. Sie bleibt derweil bei ihm und achtet darauf, dass sich ihm niemand nähert.

287 Selbst wenn es um den Schlaf geht, bleiben die Pferde solidarisch. Während eines schläft, wacht das andere und beobachtet, ob Gefahr droht. Anschließend tauschen sie die Rollen, damit jedes sich ausruhen kann, ohne Gefahr zu laufen, überrascht zu werden.

288–289 Die Zärtlichkeit und Anmut, die von Fohlen ausgeht, berührt mich noch immer stark. Jede Geburt in meinen Stallungen ist ein Fest, eine Quelle der Freude und immer neuen Begeisterung.

289 Dieses Fohlen wurde zum Fotografieren von seiner Mutter getrennt. Mit gellendem Gewieher läuft es auf sie zu. Es fühlt sich in Gefahr und sucht rasch bei ihr Schutz.

290–291 und 291 Wenn ich Fohlen fotografieren möchte, bleibe ich lange auf ihrer Weide, streichle ihre Mutter, setze mich hin und warte darauf, dass die Unruhe nachlässt. Dann nähere ich mich den Jungen ganz allmählich auf allen Vieren. Sie flüchten nicht, behalten aber normalerweise immer im Auge, was ich tue. Es gibt allerdings auch Fohlen, die auf mich zukommen und um jeden Preis an meinen Haaren, meiner Kleidung, meinem Fotoapparat knabbern möchten. Dabei kann man die unterschiedlichen Charaktere bereits gut erkennen.

292–293 und 293 Stuten lecken ihre Fohlen nach der Geburt ab, um das Fruchtwasser zu entfernen, aber auch um sie zu wärmen und nach der Anstrengung der Geburt zu beleben. Später wird diese Geste seltener. Die Stuten hören aber nicht auf, ihr Junges zu berühren, an ihm zu schnuppern, als wollten sie die Bindung vertiefen, die sie in den ersten Lebensstunden ihres Babys aufgebaut haben.

294 und 295 Die Mutter ist für ihr Fohlen eine unerschöpfliche Quelle von Zärtlichkeit und Aufmerksamkeit, sie ist aber auch seine wichtigste Erzieherin und das bedeutendste Vorbild. Das Fohlen lernt zum Großteil durch Beobachten und Imitieren der Mutter, die richtigen Kräuter zu wählen, zu weiden, sich gegenüber anderen Pferden oder anderen Tierarten richtig zu verhalten. Daher hat ein Fohlen häufig ein ähnliches Verhalten und einen ähnlichen Charakter wie seine Mutter. Die Imitation spielt dabei eine ebenso wichtige Rolle wie die rein genetische Vererbung.

Solidarität und Zärtlichkeit

296–297 Innige Vertrautheit und ein liebevolles Verhalten bei einer Haflinger-Stute und ihrem am Vortag geborenen Jungen. Das Fohlen sammelt Kraft, indem es schläft und mehrmals stündlich saugt. Wenn es wach ist, kann es aber bereits galoppieren und wiehern wie ein Großer.

298–299 Freundschaften zwischen Pferden nehmen keine Rücksicht auf Rasse oder Größe, nur die Wesensverwandtschaft zählt. Besonders erstaunlich bei diesen beiden Gefährten, die ein wenig an Dick und Doof erinnern: Hier gibt das kleine Pony den Ton an und verhält sich seinem friedlichen und zärtlichen Partner gegenüber sehr autoritär.

300 Schönheit, Eleganz, Stolz, äußerste Sensibilität, ja sogar Sinnlichkeit: Alle Facetten des Pferdes zeigen sich in dieser Lebenskraft, aus der zugleich Furcht und Zärtlichkeit sprechen. Muss man sich da nicht Hals über Kopf verlieben?

Titelbild In dem feurig intensiven Blick, den anmutigen Halsbewegungen, fein ziselierten Ohren und dem zarten Flaum bebender Nüstern liegen alle Emotionen eines Pferdes.

Gabriele Boiselle
Nachdem Gabriele Boiselle sich einige Jahre dem
s gewidmet hatte, wurde sie sehr schnell von ihren
ßen Leidenschaften eingeholt: der Fotografie und
en Pferden. 1984 gab sie ihren ersten Kalender mit
laublichen Fotos von Araber-Hengsten heraus. Ein
hnliches künstlerisches Empfinden, verbunden mit
ndfreien Technik haben die deutsche Fotografin in
ellen und schwierigen Bereich der Pferdefotografie
zu einer der bekanntesten der Welt gemacht.

Agnès Galletier
Agnès Galletier ist Journalistin mit einer besonderen Liebe zu Pferden. Unablässig huldigt sie ihnen in ihren Büchern und versucht, bei einem breiteren Publikum ein besseres Verständnis und die Liebe zu Pferden zu erwecken.
In enger Zusammenarbeit mit Gabriele Boiselle sind mehrere gemeinsame Werke entstanden, die hauptsächlich in Frankreich veröffentlicht wurden.